독일 종교사회학의
고전을 찾아서

베버, 트뢸치, 짐멜

독일 종교사회학의 고전을 찾아서

베버, 트뢸치, 짐멜

최현종 옮김/지음

해제

독일 종교사회학의 고전을 찾아서:
베버, 트뢸치, 짐멜

사회학, 그리고 그와 역사를 같이하는 종교사회학의 역사는 그리 오래지 않다. 본격적인 사회학의 시작에 앞서, '사회학'이라는 용어를 처음 사용한 콩트(Auguste Comte, 1798-1857), '사회진화론'을 전개한 스펜서(Herbert Spencer, 1820-1903), 그리고 지금도 엄청난 영향력을 행사하고 있는 마르크스(Karl Marx, 1818-1883) 같은 인물들이 있었지만, 아무래도 본격적인 사회학의 시작은 유럽 대륙의 주요한 경쟁국인 독일과 프랑스에서 각각 베버(Max Weber, 1864-1920)와 뒤르켐(Émile Durkheim, 1858-1917)이 등장하면서부터라고 할 수 있다. 초기 사회학에서 종교사회학은 중심적인 위치에 서 있었다. 뒤르켐의 기능주의적 입장에서 종교가 차지하는 위치는 핵심적이었고, 이는 그의 대표작인 『종교 생활의 원초적 형태』(1912; 노치준/민혜숙 역, 민영사, 1992)에서 잘 드러나는 바이다. 베버도 그 관심사나, 연구 방향은 다르지만, 종교가 사회학의 핵심적 위치를 차지한 것은 마찬가지였다. 일반인들이 베버의 대표작으로 널리 알고 있는 『프로테스탄트 윤리와 자본주의 정신』이 그 예이며, 이 책에서 그는 종교와 자본주의 등장 사이의 연관 관계를 규명하고자 노력하였다. 이러한 시도는 이후 『프로테스탄트 윤리와 자본주의 정신』이 포함된 그의 만년 대표작 『종교사회학 논총: 세계종교와 경제윤리』에서 확대되어 나타나는데, 베버는 이 책을 통해 개신교, 특히 금욕적 개신교가 서구의 합리적 생활 태도를 야기한 데 반해, 왜 다른 세계종교들은 그렇게 할 수 없었는지를 탐구하였다. 자본주의 또한 이러한 자본주의의 토대가 되는 서구의 합리성이 베버의 주요 관심사였고, 이에 관한 기원의 탐구에 있어 종교는 가장 중심적인 주제였다.

베버의 종교 사회학적 저술은 크게 두 저술에 압축되어 있다고 할 수 있다. 첫 번째는, 앞서 언급한 『종교사회학 논총: 세계종교와 경제윤리』이고, 두 번째로는 그의 대표작인 『경제와 사회』에 포함된 "종교적 공동체들" 부분이다. 첫 번째 주요 저술인 『종교사회학 논총: 세계종교와 경제윤리』는 전체로서는 번역되지 않았지만, 각각의 부분이 따로 우리말로 모두 번역된 바 있다. 『종교사회학 논총: 세계종교와 경제윤리』의 각 부분과 한국어 번역본은 다음과 같다.

제1권*
"서언"(Vorbemerkung): 전성우 역 『막스 베버 종교사회학 선집』(나남, 2008)에 수록.
"프로테스탄트 윤리와 자본주의 정신": 많은 번역본 존재. 대표적으로는 김덕영 역 『프로테스탄티즘의 윤리와 자본주의 정신』(길, 2010).
"프로테스탄트 종파와 자본주의 정신": 김덕영 역 『프로테스탄티즘의 윤리와 자본주의 정신』(길, 2010)에 "프로테스탄티즘의 분파들과 자본주의 정신"이라는 보론으로 수록.
"서론" (Einleitung): 전성우 역 『막스 베버 종교사회학 선집』(나남, 2008)에 수록.
"유교와 도교": 이상률 역 『유교와 도교』(문예출판사, 1990)
"중간고찰"(Zwischenbetrachtung): 전성우 역 『막스 베버 종교사회학 선집』(나남, 2008)에 수록.

제2권
"힌두교와 불교": 홍윤기 역 『힌두교와 불교』(한국신학연구소, 1986)

제3권
"고대 유대교": 진영석 역 『야훼의 예언자들』(백산출판사, 1989)

반면, 『경제와 사회』에 포함된 "종교적 공동체들"이라는 부분적으로만 소개되었을 뿐, 아직 전체의 번역은 이루어지지 않은 상태이다. 그뿐만 아니라, 『경제와 사회』 다른 부분의 번역도 아직은 완성되지 않은 상태이다. 『경제와 사회』 저술 자체가 베버의 유고인 관계로 그 판본에 따라 조금씩은 다르지만, 최근 간행된 『경제와 사회』 제5판을 기준으로 『경제와 사회』의 전체 구성을 소개하면 다음과 같다 (괄호 안은 베버 전집 표준연구판(Studienausgabe)의 일련번호)

"공동체들"(MWS I/22, 1): 박성환 역 『경제와 사회: 공동체들』(나남, 2009)
"종교적 공동체들"(MWS I/22, 2): 전성우 역 『막스 베버 종교사회학 선집』(나남, 2008)에 7장 "신분 집단, 계급 그리고 종교"가 수록.
"법"(MWS I/22, 3)

---

* 막스 베버 전집에는 "유교와 도교" 부분만 1권으로 수록되어 있다.

"지배"(MWS I/22, 4)
"도시"(MWS I/22, 5)
"사회학:미완성"(MWS I/23): 박성환 역 『경제와 사회』(나남, 1997)

이중 일련번호 MWS I/22로 되어 있는 것은 소위 『경제와 사회』의 '옛 원고'이며, "사회학:미완성"(MWS I/23)은 이를 다시 출판용으로 가다듬은 '새 원고'이지만, 그 완성을 보지 못하고 베버가 사망한 관계로 미완성으로 남아 있다.

본서에서 번역한 "구원의 방법과 생활 태도에 대한 그 영향"은 『경제와 사회』에 포함된 "종교적 공동체들" 제10장을 번역한 것으로, 베버의 종교 사회학적 연구, 나아가 그의 전체 사회학적 연구의 핵심이라고 할 수 있는 "어떻게 서구사회에 합리적 삶의 태도가 형성되었는가?"에 대한 답을 세계의 종교들을 유형화하여 비교하면서 제시하고 있다. 이러한 유형화를 위해 베버 특유의 소위 '이념형'적 방법이 적용되고 있는데, 과연 이러한 유형화가 얼마나 적절한지에 대하여는 논란의 여지가 있다. 여기서 베버는 "프로테스탄트 윤리와 자본주의 정신"의 논지를 확대하여, 어떻게 개신교, 특히 금욕적 개신교의 구원론이 서구의 '합리적 생활 태도'를 형성해 나가는지를 기술하면서, 반면, '의식주의', '성취주의', '자기완성', '황홀경', '대가 윤리적 구원방법론', '세계 도피적 명상' 등을 추구한 다른 종교들은 이에 이르지 못하였음을 설명하고 있다. 서구의 '합리적' 생활 태도, 그리고 이와 관련한 '자본주의'의 등장, 이에 바탕이 된 '금욕적 개신교'의 '세상 속에서의 금욕'의 구원교리는 베버의 가장 중요한 평생의 연구 주제라고 할 수 있다. 베버의 이러한 근본 테제에 대하여는 다양한 논의가 이루어지고 있으며, 이에 대하여는 부록에 실린 "막스 베버, 『프로테스탄트 윤리와 자본주의 정신』"의 '평가'와 '적용' 부분을 참조하기 바란다.

한편, '개신교'와 '자본주의' 사이의 관계와는 별도로, 현대사회의 발전에 있어 '금욕'이라는 주제도 베버 전통에서 매우 중요한 주제이다. 이와 관련하여 엘리아스(Norbert Elias)는 '금욕' 혹은 '절제'의 문제가 현대사회의 중요한 특징으로 등장하였다는 면에서는 베버와 일치하지만, 그 근원을 종교가 아닌 '궁정 사회'의 영향으로 보는 독특한 입장을 그의 주저 『문명화 과정』(박미애 역, 한길사, 1996)에서 전개한 바 있다. 또한 푸코(Michel Foucault)가 강조한 '훈육'이나 '자기의 테크놀로지'라는 측면도 베버의 '금욕'적 특징과 연결될 수 있으며, 터너(Bryan S. Turner)는 그의 책 『몸과 사회』(임인숙 역, 몸과 마음, 2002)에서 이처럼 베버의 금욕적 전통을 푸코와 연결하는 흥미로운 입장을 전개하고 있다.

많은 평가와 논란이 있지만, 개신교적 정신, 개신교적 문화가 최소한 자본주의와, 베버 식으로 말하면, '친화성'을 갖는 것은 사실인 것 같다. 다만, 노동을 중시하고, 이와 관련하여 금욕이 미덕이 되었던 초기 자본주의 사회에서, 이제 더 이상 금욕을 미덕으로 제시할 수 없는 후기 자본주의, 소비가 중심이 된 '소비 자본주의' 사회로 변화하면서 과연 '금욕'과 '개신교'의 역할을 어떻게 위치 매김 해야 할 것인가는 새로운 베버 전통의 연구 주제라고 할 수 있다(이는 "그 차가운 엄격성, 냉정한 사실성, […] 그 비예술적이고 청교도적인 특성이 금욕적 개신교를 현대문화의 모든 본능의 적대자로 만들었다"라는 트뢸치의 언급에서도 잘 나타난다). 여기에는 베버 사회학의 또 다른 핵심어인 '합리성'도 포함될 수 있을 것이다. '합리성'이 개인과 사회 발전의 핵심적 요소로 인정되었던 베버 당시보다 현재는 '합리성', 특히 베버의 분류에 따르면 '목적 합리성'(혹은 영미권의 용어로 '도구적 합리성')에 대한 많은 비판과 이를 뛰어넘으려는 시도가 등장하고 있다. 종교 사회학적으로 이러한 '금욕', '합리성', '개신교' 사이의 연관 관계를 다시 규명하고, 이의 현재적, 미래적 방향성을 제시하는 것은 매우 중요한 과제라고 할 수 있을 것이다.

베버와 함께 소개되는 트뢸치(Ernst Troeltsch, 1865-1923)와 짐멜(Georg Simmel, 1858-1918)은 모두 베버와 동시대의 인물이면서, 또한 베버와 관련되어 있다. 트뢸치는 베버의 하이델베르크 대학 재직 시절에 만들어진 소위 '베버 써클'에 속한 인물 중 하나이다. 여기에는 트뢸치 외에 좀바르트(Werner Sombart), 미헬스(Robert Michels), 루카치(György Lukács) 등도 포함되었다. 트뢸치는 종교사회학자라기보다는 다양한 분야에서 뛰어난 업적을 남긴 종교사학자이자 기독교 신학자라고 말하는 편이 더 적합할 것이다. 다만, 그의 대표 저서인 『기독교 교회와 공동체의 사회적 가르침』(*Die Soziallehren der christlichen Kirchen un Gruppen*)에서 전개한 종교조직유형론은 이후 종교사회학에 큰 영향을 미치고 있다(이 책의 제1권은 현영학 역 『기독교 사회윤리』, 한국신학연구소, 2003으로 번역된 바 있다). 트뢸치의 종교조직유형론은 '교회'(Kirche)와 '종파'(Sekte)의 막스 베버의 유형론을 받아들여서 발전시킨 것이다. '교회/종파'의 유형론은 베버의 『종교사회학 논문집: 세계종교와 경제윤리』에 포함된 "프로테스탄트 종파와 자본주의 정신"의 원안이라고 할 수 있는 "북아메리카의 교회와 종파"(Kirchen und Sekten in Nordamerika, 1906)에 처음 나타나는데, 트뢸치는 이러한 유형론을 받아들여서, '신비주의(Mystik)라는 새로운 유형을 추가하고, 이러한 유형이 신학적, 기독교 윤리학적 입장에서 어떻게 영향을 미치는지 규명하고 있다. 이러한 내용이 가장 잘 담겨 있는 것이 본서에서 번역한 『기독교 교회와 공동체의 사회적 가르침』의 '결론' 부분이다.

트뢸치가 '기독교적 이념의 사회학적 자기 형성의 유형'이라고 명명한 세 형태 중, 1) '교회'는 주관적인 구원과 은총에 대해 객관적, 제도적인 형태를 중시하며, 대중을 수용하면서, 세상에 적응하는 양상을 보이기 때문에, 커다란 대중적 영향력을 지닌다. 반면, 2) '종파'는 엄격하고, 의식적인 기독교인들의 자유로운 연합체로, 소위 '거듭난 자'의 모임으로, 세상으로부터 분리되고, 소규모로 제한되는 경향을 지닌다. 또한, 은총보다는 율법을 강조하고, 다소의 급진적인 성향을 지닌 기독교적 사랑의 생활질서를 고무한다. 마지막으로, 3) '신비주의'는 의례나 교리와 같은 제도적 측면보다는, 순수한 개인적-내면적 성격을 강조하고, 이에 따라, 조직이나 역사와 같은 객관적 측면에는 상대적으로 무관심하다. 트뢸치에 의하면, 이러한 3가지 형태는 이미 기독교 초창기에 생겨난 것이지만, 오늘날까지 모든 종교영역에서 서로 여러 가지 혼종과 전이적 형태로 나타나고 있다. 신비주의는 때로는 지식인 계층에 종교성을 제공하기도 하지만, 다른 한편으로는 일부 대중에게 광란주의나 열광주의 형태로 나타나기도 한다. 이러한 트뢸치의 유형론은 이후, 미국 사회의 종교적 상황 분석에 적용되어, '교단'(denomination)과 '제의'(cult)라는 유형을 추가하면서, 현대적인 형태로 완성되어 진다.

하지만, 본서에 번역된 '결론' 부분에 나타난 트뢸치의 학문적 성과는 단순히 이러한 유형론을 도입하는 데 그치지 않는다. 그는 근본적으로 새로운 교리의 등장을 새로운 공동체의 필요에 의한 것으로 파악한다. 그는 교리와 신학, 진리의 개념과 관용, 기독교 윤리의 역사 등에서 이러한 유형적 차이가 미친 영향을 개괄하면서, 일반적인 기독교 신학에서 제기되는 것처럼, 신학이 종교형태를 결정하기보다는, 이러한 종교 유형에 따라 다른 신학이 펼쳐지게 된다고 주장한다. 즉, 언급한 3가지 유형이 어떻게 다른 신학, 다른 진리의 개념, 다른 윤리를 지니게 되는지를 역사적으로 개괄하면서 설명하고 있다. 그리고, 이러한 유형적 변화는, 늘 새로운 사회적, 문화적 상황에 적응하는 과정에서 나온 것임을 지적하며, 이제 기독교 앞에 현대의 새로운 상황에 맞는 '사회학적-조직론적' 유형의 창출과, 이에 따르는 새로운 기독교적 '사고'의 필요성을 제시한다. 트뢸치의 언급을 인용해 보면 이러한 강조점이 매우 잘 나타나 있다.

> 이전의 보완은 오늘날 완전히 새로운 문화의 상황에서 불가능해졌으며, 새로운 보완이 필요하다. 기독교 정신은 지속적인 세계 안에서 그 자체로만 살아남을 수 없고, 또한 충분치 못하다. 문제는 어떻게 이러한 보완이 오늘날 형성될 수 있을까 하는 것이다. 여기에 새로운 기독교 윤리의 과제가 놓여 있다.

트뢸치에 의하면, 이러한 과제는 언급한 세 가지 사회학적 기본 형태의 '상호 침투와 이 모든 동기를 아우르는 형상에의 통합'에 놓여 있으며, 이에 근거하여 현재 상태에 상응하는 새로운 사고가 나와야 한다. 그는 이러한 유형적 변화와 새로운 사고는 '기독교 이념의 현재적 갱신'에서만 가능한 것으로 언급하는데, 이는 '종교적 이념의 그때그때의 현재적 운동으로부터 나와야 한다'라고 강조한다. 트뢸치에 의하면, "믿음은 삶의 투쟁의 힘이지만, 삶은 늘 새로운 전선에서 늘 새롭게 생성되는 투쟁으로 남는다".

이러한 트뢸치의 입장은 보수적 기독교의 관점에서는 받아들이기 쉽지 않은 것이었다. 흔히 그는 보수주의자들로부터 '자유주의자'라는 부정적 범주에서 언급되는 대표적 학자 중의 하나라고도 할 수 있다. 하지만, "모든 인류의 최종적 목적은 그분의 손안에 숨겨져 있다"라고 결론짓는 트뢸치를 단지 자유주의자로 매도하는 것은 너무 성급하다고 보인다. 특별히, 종교의 영향력이 점차 감소하고 있는 현대 사회에서 - 또한 앞서 언급한 베버식의 연구 경향과 관련해서 생각한다면, 소비 자본주의 사회로의 변화 속에서 - 어떻게 종교가 그 정신을 유지하고, 이를 세상 속에서 실천할 것인지에 대하여 그가 시사하는 바는 매우 많다고 할 수 있다.

마지막으로 언급할 짐멜 또한 베버와 연결된다. 짐멜은 베버와 동시대 인물이지만, 최근까지는 덜 중요하게 취급되어 오다가, 재발견되고 있는 인물이라고 할 수 있다. 그의 학문적 경향은 당시의 주류 사회학의 방향과 잘 맞지 않았고, 또한 그가 유대인이라는 사실도 그가 당대에 인정받지 못했던 중요한 이유 중 하나였다. 이러한 짐멜의 상황을 베버는 안타깝게 여겼고, 이에 여러 차례 짐멜이 대학에 자리 잡을 수 있도록 노력한 바 있다(짐멜은 베버와 함께 1909년 독일 사회학회를 창설한 주요 멤버 중 하나이기도 하다). 결국, 이러한 노력의 결과로 50세를 훌쩍 넘긴 1914년에 스트라스부르그 대학에 교수로 취임하지만, 이후 바로 발생한 1차 세계대전의 여파로 제대로 된 교수 역할을 하지 못하고, 전쟁이 종결되던 1918년에 사망하고 만다. 짐멜이 일생에 걸쳐 저술한 종교사회학 관련 저술 목록은 다음과 같다.

"종교사회학을 위하여" (Zur Soziologie der Religion, 1898)
"종교 인식이론을 위한 기고" (Beiträge zur Erkenntnistheorie der Religion, 1902)
"영혼의 구원에 대하여" (Vom Heil der Seele, 1903)
"삶의 모순들과 종교" (Die Gegensätze des Lebens und die Religion, 1904)
"기독교와 예술" (Das Christentum und die Kunst, 1907)
"종교적 기본사유와 현대의 학문: 하나의 조사" (Religiöse Grundgedanken
und moderne Wissenschaft: Eine Umfrage, 1909)
"신의 인격성" (Die Persönlichkeit Gottes, 1911)
"종교적 상황의 문제" (Das Problem der religiösen Lage, 1911)
"종교" (Die Religion, 1912)
"현대문화의 갈등" (Der Konflikt der modernen Kultur, 1918)

이 중 "종교"를 제외하면 모두 길지 않은 분량이고, "종교"도 장편이라기보다는 중편에 가까운 분량이다. 또한, "현대문화의 갈등"은 문화 전반에 관한 내용이지만, 그 결론부에 '종교'에 대한 내용을 담고 있다. 본서에서는 이 중 가장 초기 저술인 "종교사회학을 위하여"를 번역하여 수록하였다.

이 논문에서 짐멜은, 종교를 인간관계의 여러 형식이 절대적인 것에 투영된 것으로 보고 있다. 믿음, 통일성, 도덕 등이 그 관계형식의 대표적인 예이다. 이러한 형식을 전체 사회의 성격으로 본다면, 짐멜의 입장은 "종교를 사회의 반영"으로 바라본 뒤르켐과 어느 정도 유사하다고 할 수 있다. "종교는, 그 경험적 내용으로부터 해방되어, 독립적으로 고유한 실체에 투사되는 사회적 관계의 형식들에서 성립한다"라고 서술하거나, "개인과 도덕적이라고 얘기되는 집단 사이의 이러한 내적 연결은 신과의 관계에 대한 깊은 유추 - 후자가 전자의 압축이자 변형이라는 - 를 제공한다"라고 언급한 대목이 그 대표적인 예이다. 또한, 종교의 교리적 내용보다, 정서적 의미를 강조한 부분도 어느 정도 뒤르켐과 유사하다고 볼 수 있다. 하지만 짐멜은 뒤르켐에 비해 조금 더 미시적, 개인적이며, 대인관계의 측면에서 사회를 파악했다는 면에서 뒤르켐과 구분된다. 또한, 연대적으로는 본 논문이 1898년에 발표되었기에, 이에 대한 뒤르켐의 입장이 명시적으로 나타난『종교 생활의 원초적 형태』(1912)보다 시기적으로 앞서 있기도 하다.

본 논문에는 또한 '내용'과 '형식'이라는 짐멜 사회학의 주요한 범주가 종교적 현상을 설명하는 데 기본적으로 사용되고 있기도 하다. 짐멜은 '내용의 변화에도 지속되는 형식'과, '형식의 변화에도 지속되는 내용'을 언급하면서, 이러한 면에서 종교라는 형식에 담겨 있는 내용의 변화에 주목할 필요가 있음을 지적하고 있다. 짐멜의 서술을 인용해 보면,

> 사회적, 문학적, 종교적, 개인적인 삶의 개별적 형식은, 그 개별적 내용과의 결합을 넘어 지속되며, 변하지 않은 채로 새로운 것에 부여된다. 개별적 내용도 서로 분리된 수많은 형식을 관통하여 그 본질적인 상태를 유지할 수 있다. 이는 역사적 사건에서 그 연속성이 파괴되는 것을 막아주며, 이해할 수 없는 도약, 모든 이전의 사건과의 관련성의 단절이 일어나는 것을 방지한다.

현대사회에서 종교라는 형식은 지속하지만, 그 내용은 과거와 다를 수 있다. 이러한 입장은 앞서 언급한 트뢸치의 입장, '현재 상태에 상응하는 새로운 사고가 나와야 한다'라는 주장과도 연결될 수 있을 것이다. 이는 종교를 "결코 완성된 사물이나, 확정된 실체가 아니고, […] 살아있는 과정"으로 보는 태도에서도 잘 드러나며, 진정한 '발생학적' 연구는 그 전승의 역사적 기원뿐 아니라, 이를 현재에 소유할 수 있도록 해주는 '당대의 활력'을 포함해야 한다는 주장도 이러한 맥락에서 생각해 볼 수 있다. 짐멜은 이러한 당대적 요소들을 종교의 '실재적 근원'이라고 언급하기도 한다. 하지만, 이

러한 형식과 내용의 관계는, 거꾸로 종교적 내용이 시대에 따라 다른 형식으로도 표현될 수 있음을 암시하기도 한다. 정치적 이데올로기나, 스포츠, 대중문화 같은 현상을 종교적으로 다루는 연구들은 이러한 맥락에서 짐멜적 의미가 있다고 할 수 있다. 짐멜의 이러한 초기적 입장들은 그의 말년의 종교 사회학적 저술인 "종교"에서 집대성되는데, 그동안 소홀히 여겨졌던 짐멜 (종교) 사회학의 이해를 위해서는 이에 관한 연구도 요청된다 할 것이다.

처음으로 해 보는 번역 작업이라 어려움이 많았다. 번역한 책을 질책하기는 쉽지만, 실제로 좋은 번역을 하는 것은 지난(至難)한 작업임을 깨달았고, 원문에 충실함과 독자 가독성 사이의 모순, 100년이 넘은 책을 현재적 상황에 맞게 번역하는 시간적 간격을 극복하기도 쉽지 않은 문제였다. 그런데도 이러한 결과물을 낼 수 있도록 많은 도움과 조언을 베풀어 주신 여러분들에게 감사드린다. 가능하면, 이를 계기로, 기회가 된다면 이 책에서 다루었던 베버의 『경제와 사회』의 "종교적 공동체들"과, 짐멜의 나머지 종교사회학 저술들도 완역에 도전해 보고 싶은 심정이다. 시장 상황이 (신앙 서적이 아닌 학술 서적으로서의) 종교나 사회학 서적의 출판에 별로 호의적인 것은 아니지만, 이러한 작업을 통해 우리의 학문과 경험이 더욱 풍요로워질 수 있을 것이라 믿는다. 부록으로 실린 2편의 글은 역자가 소속된 서울신학대학교 출판부에서 펴낸 『신학 고전 20선』 (2016)에 수록되었던 바 있으며, 본서의 이해에 참고가 될 만한 것으로 판단하여 함께 실었다.

2020년 8월
최 현 종

목차

부록1

막스 베버, 『프로테스탄트 윤리와 자본주의 정신』 _ 133

Max Weber, Die protestantische Ethik und der 'Geist' des Kapitalismus.
In: *Archiv für Sozialwissenschaft und Sozialpolitik* 20 (1904), 1-54 und
21 (1905), 1-110, überarbeitet in *Gesammelte Aufsätze zur
Religionssoziologie* (1920-21) I 1-206.

부록2

토마스 아 켐피스, 『그리스도를 본받아』 _ 157

Thomas à Kempis, *De imitatione Christi*
(1418-1427경).

Heinrich Brewer 편. *De Imitatione Christi Apologia,* Köln, Kinckius, 1683.

이 책에서 번역한 원문은 아래의 책들을 이용하였습니다.

Max Weber. "Die Erlösungswege und ihr Einfluß auf die Lebensführung," in: *Wirtschaft und Gesellschaft. Religiöse Gemeinschaften.* Tübingen: 2005, J.C.B. Mohr (Paul Siebeck) (MWS I/22-2).

Ernst Troeltsch. "Schluß," in: *Die Soziallehren der christlichen Kirchen und Gruppen 2.* Tübingen: 1994[1812], J.C.B. Mohr (Paul Siebeck).

Georg Simmel. "Zur Soziologie der Religion," in: Horst Jürgen Helle(Hg.), *Gesammelte Schriften zur Religionssoziologie.* Berlin: 1989, Duncker & Humblot.

이 저서는 2020년도 서울신학대학교 교내연구비 지원에 의한 것임.

I

막스 베버:

구원의 방법과생활 태도에 대한 그 영향

"Die Erlösungswege und ihr Einfluß auf die Lebensführung," in: *Wirtschaft und Gesellschaft. Religiöse Gemeinschaften* (1922).

한 종교의 생활 태도, 특히 환생의 조건에 대한 영향은, 구원의 방법, 그리고 그와 밀접하게 관련된, 종교가 추구하는 구원의 심리적 성질에 따라 매우 상이하다.

1

구원은, 예를 들어 고대 불교에서와 같이, 초월적 힘의 도움 없이 구원자가 고유하게 이루어가는 작업이다. 구원을 획득하는 그 작업은

1. 예배와 일상의 흐름 가운데 존재하는 순수 의례적 제의행위와 예식이다. 순수한 *의식주의*(Ritualismus)는 그 자체로만 보면, 생활 태도에 대한 작용에 있어 주술과 다를 바 없고, 늘 그런 것은 아니지만, 철저하게 특정 환생의 방식을 전개하는 상황에서는, 주술적 종교성보다 뒤처진 것으로 보이기도 한다. 어떤 구원종교는 순수하게 형식적인 의례 수행을 '헌신'(Andacht)의 태도로 체계화하기도 하는데, 헌신 가운데 의례는 신성의 상징으로서 수행된다. 이 경우에 그러한 태도는 실제로 구원을 소유한 것이 된다. 이러한 태도가 제거되면, 단순히 형식적인 주술적 의식주의만 남게 되고, 이는 모든 헌신적

종교성의 일상화 가운데 자연스럽게 반복적으로 나타난다.

　의식주의적인 헌신적 종교성의 결과들은 매우 다를 수 있다. 유럽인의 관념에서는 엄청난 요구라고 할 수 있는, 경건한 힌두교인의 삶에 매일 부과되는 끊임없는 의식적 규제는, 실제로 정확하게 수행되려면, 현세적이며 경건한 모범적인 삶과 강력한 영리 활동의 통합을 방해한다. 이러한 외적 유형의 헌신적 경건성은 청교도의 가장 극단적인 대척점에 서 있다. 집중적 노동으로부터 자유로운 자산가만이 이러한 의식주의를 수행할 수 있다.

　이러한 결과보다 더 심각한 것은, 의식적 구원이, 특히 일반 신자들을 관객, 혹은 단순히 수동적인 활동을 통해 참여하는 자의 역할로 제한할 때, 또한 가능한 의식적 태도를 정서적인 헌신으로 승화시켜서, 구원을 보장하는 것처럼 보이는 경건한 순간의 '정서적 내용'을 강조하는 곳에서이다. 일시적 성질을 지닌, 그래서 미사 혹은 어떤 신비적인 연극의 관람자에게 부여된 고유한 '무책임성'으로 인해 의식이 끝난 후에는 행동 양식에 거의 영향을 미치지 못하는, 그러한 내적 상태의 소유를 추구한다. 이는 아름답고 교화적인 연극을 볼 때 관객들에게 나타나는 커다란 감동이 그들의 일상 윤리에 거의 영향을 미치지는 못함과 같다. 모든 신비적 구원은 이러한 불안정성을 지닌다. 이들은 간헐적인 경건한 명상 때문에 그 자체적으로(ex opere operato) 일어나는 영향을 기대한다. 이는 '환생'에 대한 *증명*을 요구하는 내적 동기를 결여하고 있다. 그에 반하여 의례적으로 생산된 간헐적 헌신이 지속적인 경건성에 이르고, 일상 속에서 구원을 추구하게 되면, 대개 특정 상태의 소유가 헌신의 목표가 되는 신비적 성격을 지니게 된다. 그러나, 이러한 신비주의적 경향은 개인적인 카리스마로 존재한다. 인도나 다른 동양에서처럼 신비적 구원예언자가 일상화 과정에서 반복적으로 순수한 의식주의로 변화되는 것은 우연이 아니다. 궁극적으로 추구되는 영적 습속이, 의식주의 안에서 - 우리의 주요 관심사인 - *합리적 행위*에서 벗어나 잘못된 길로 나아가게 된다. 거의 모든 신비주의 제의는 그와 같이 작용한다. 그 전형적인 예는 조작의 거룩함, 또한 주술과 같은 경향을 공유한 과정을 통해 일어나는 죄의 용서인 '성사(聖事)의 은총'의 부여이다. 주술은 일상생활로부터 떨어져 나와, 생활에 영향을 미치지는 않는다. 물론 성사의 작용은 신 앞에 윤리적으로 올바른 자만이 구원에 이르고, 그렇지 못한 자들은 멸망케 된다는 전제 조건과 결합하여 완전히 다르게 일어날 수도 있다. "그러나 믿지 않고 이를 먹는 자는 심판에 이르리라"라는 가르침 때문에 현재에 이르기까지 광범위하게 성찬에 대한 두려움이 존재하였다. 이는 금욕적 청교도와 같이 '사죄'의 기관이 없거나, 성찬에 자주 참여하는 경우에도 - 이는 경건함의 중요한 지표였다 - 일상의 태도에 강력하게 영향을 미칠 수 있었다. 모든 기독교 종파 내에서 성사 이전의 고해라는 규정은 이와 연관된다. 다만, 이들 종파에서 성사가 유익하게 받아들여질 수 있는 경우를 법적으로 어떻게 규정하고 있는지가 중요하다. 거의 모든 고대의, 대부분의 비기독교 신비 제의는 이를 위해 오직 제의적 순수성만을 요구하며, 심각한 피 흘린 죄 혹은 몇몇 특정한 죄를 범한 자만 상황에 따라 제의에 참여할 자격을 갖지 못했다. 이들 비교(祕敎)는 대부분 고해 절차가 없다. 그러나 죄로부터의 영적 순결성을 위한 제의적 순수성의 요구가 합리적으로 형성된 곳에서는, 이를 어떻게 통제할 것인가가 중요하고, 고해의 절차가 마련된 곳에서는, 그것이 일상생활에 영향을 미치는 방식과 정도의 매우 상이한 성격이 중요한 의미가 있다. 실제로 보았을 때, 어느 경우에든 그와 같은 의식은 외적인 행위에 영향을 미치기 위한 수단일 뿐이고, 실제로 모든 것이 이러한 행위와 관련되어 의미가 있다. 성사의 주술적 성격이 완전히 사라질 때, 그리고 고해를 통한 모든 통제 절차가 없어질 때도 - 청교도가 양자에 해당한다 -, 혹은 바로 그로 인해, 성사는 상황에 따라 상당한 윤리적 영향을 끼칠 수 있다.

의식적인 종교성이 윤리적으로 영향을 미치는 또 다른, 간접적인 방법은 의식적 계명의 준수가 평신도의 *적극적인* 의식 행위(혹은 중단)를 요구하고, 의식의 형식적인 측면을 포괄적인 '율법'으로 체계화하여, 유대교의 경우처럼 이들을 확실히 알기 위해 특별한 학파나 가르침이 필요한 경우이다. 필로(Philo)가 강조한 바처럼, 다른 민족들과 달리 유대인들은 이미 일찍이 고대로부터 국민교육원(Volksschule)과 같은 종류의 기관을 두어 지속해서 지적인 체계적-결의법적 훈련을 해 왔으며, 근대에서도 이러한 근거에서 동유럽에서 볼 수 있는 바와 같은 체계적인 평신도교육을 진행하였다. 고대에 이미 유대적 경건을 발생시킨 이러한 유대 율법의 문헌학적 성격은 율법 교육을 받지 못한 자, 천민(Amhaarez)을 경건치 못한 자와 동일시하는 결과를 낳았다. 이러한 지식인들의 결의법적 교육은 일상에서도 체감할 수 있었고, 이는 주로 인도 법에서와 같은 단순한 제의적 의무가 아니라, 체계적인 일상적 윤리의 규제가 문제가 될 때 더욱 강하였다. 구원작업은 이미 제의적 수행과 매우 다른 것이 되었고, 특히

2. 사회적 성취와 달랐다. 이는 매우 상이한 모습을 갖는다. 예를 들어 전쟁 신은 천국에 오직 전장에서 죽은 자만을 받아들이거나, 이들을 우대한다. 이미 자손을 보았을 경우, 왕은 전장에서의 죽음을 추구할 정도로 브라만적 윤리는 이를 직접 권장한다. 다른 측면에서 사회적 성취는 '이웃사랑'의 결과일 수 있다. 그러나 어느 경우에든 체계화는 진행되고, 이를 발견하는 것이 일반적인 예언의 기능이 되기도 한다. '선행'의 윤리의 체계화는 두 종류의 서로 다른 모습을 취한다. 각각의 덕과 부덕한 행동이 개별적으로 평가되며, 이는 구원을 바라는 이들에게 긍정적으로, 부정적으로 계산된다. 행위의 수행자로서 개인은 그의 윤리적 기준에서 불안정한, 내·외의 상황에 따라 시험에 강하기도, 약하기도 한 존재로서 나타나며, 그의 종교적 운명은 상호적 관계에서의 실제적 수행에 달려 있다. 이것은 창건자 자신의 최고(最古)의 가타(Gatha)[1]들에 보이는 조로아스터 교의 기준에서 가장 분명하게 나타난다. 여기서는 죽음의 심판자가 개인 행위의 부채와 공로를 정확하게 장부 책에서 계산하며, 이러한 계산의 결과에 따라 개인에게 그의 종교적 운명이 할당된다. 인도의 카르마 교리는 이에서 더 발전된 것으로, 세계의 윤리적 기제 내에서 개별적인 선행 혹은 악행은 일찍이 사라지고, 돌이킬 수 없는, 순수하게 기계적인 결과들만이, 이생에서든, 장래의 환생에서든 따라오게 된다. 장부 계산의 원칙은 그 본질에 있어, 신과 개인의 관계에 관한 대중적 유대교의 기본사고이기도 하다. 로마 가톨릭과 동방교회도 결국 이러한 입장에, 최소한 실제적으로는, 근접해 있다. 행위의 윤리적 평가에 대한 가톨릭의 죄 교리에서 중요한 '의

---

1) 자라투스트라가 지었다고 전해지는, 아베스타어로 된 17편의 찬가. 조로아스터교 전례의 핵심.

향'(intentio)은, 행위가 그 표현으로 나타나는 통일적 인격적 특질이 아니고, 로마법의 진실성(bona fides), 악의(mala fides), 죄(culpa), 고의(dolus)와 같은 의미에서의 개별적인 행위에서의 구체적인 '의도'이기 때문이다. 이러한 이해가 남아 있는 곳에서는, 엄격한 태도-윤리적(gesinnungsetisch) 의미의 '환생'의 요구는 사라지고, 생활 태도는 개별적 행위의 윤리적으로 무질서한 연속 안에 머무르게 된다.

윤리적 체계화는 개별적 수행을 단지 상응하는 윤리적 인격의 증상 혹은 표현으로 다루기도 한다. 일부 엄격한 스파르타인들이 예전의 비겁함을 용서받기 위하여 - 일종의 '정결의 예식'으로서 - 전장에서 죽음을 추구하며 죽어간 동료를, '이유가 있어' 용감한 것으로, '그의 존재의 전체로부터'는 아니기에, 복권된 것으로 간주하지 않은 것은 잘 알려져 있다. 종교적으로 적용하면, 외적 개별수행을 통한 형식적인 업적 구원 대신에 인격적인 전체의 습속, 앞의 경우에는 영웅적 태도의 습속이 가치로서 나타난다. 모든 사회적 성취에서도 이는 유사하다. '이웃사랑'의 경우에도 체계화는 '선함'의 카리스마적 인격을 소유할 것을 요구한다. 그러나 어느 경우에든, 이러한 행위가 '증상적' 성격을 갖는 개인적 행위의 양식이라는 점이 중요하고, '우연'의 산물일 때는 중요하게 다루어지지 않는다. 태도 윤리는 그 체계화된 형식에 의하면 개별적인 과실들에 대해서는 너그러운 반면, 전체적 수준에 대해서는 한층 높은 수준의 요구를 지닌다. 그러나 늘 그런 것은 아니며, 대개는 오히려 윤리적 엄격주의(ethischer Rigorismus)의 모습을 보인다. 종교적으로 긍정적인 성격의 전체 습속은 순전히 신의 은총의 선물일 수도 있으며, 이는 일반적 지향성에서도 종교적으로 요구되는 방향으로 나타나서, 통일되고 조직적으로 지향된 삶의 태도를 보인다. 혹은 반대로 이는 선의 '훈련'을 통하여 획득될 수도 있다. 그러나 이러한 훈련도 당연히 전체 생활 태도의 합리적, 조직적 방향성을 통해서만 얻어질 수 있으며, 개별적인 연관되지 않은 행위들로는 안 된다. 양자에서 그 결과는 실제로는 매우 유사하다. 그와 함께 행위의 사회적-윤리적 성질은 완전히 부차적인 것이 되고, 자기 인격을 위한 종교적인 노력이 중요해진다. 종교적으로 인정된 사회적 선행은 단지 *자기완성*의 수단일 뿐이다.

3. 자기완성의 구원방법론. 구원방법론은 처음에는 윤리적 종교성을 알지 못했다. 반대로 구원방법론은 종종 매우 체계화된 형식으로서, 주술적 힘의 소유를, 정령주의적 표현으로 하면, 개인의 인격 내에 새로운 영혼의 육화(肉化), 혹은 강력한 신접(神接), 혹은 영계(靈界)로의 몰입 및 이 모두에 있어서 초인간적 작용의 가능성을 보장하는 카리스마적 환생을 위한 각성에서 매우 중요한 역할을 하였다. 이때 '내세적' 목표는 아주 멀리 놓여 있었다. 또한, 황홀경의 능력은 다양한 목적에 요구된다. 전사(戰士)도 초인간적 영웅 행위를 수행하기 위해서는 환생을 통하여 새로운 영혼을 획득해야 했다. 성인(成人)의 휘장의 착용(중국, 인도 – 상층 카스트에 속한 이들은 공개적으로 두 번째 탄생을 알렸다), 씨족 종교적 형제단에의 수용, 군사적 장비의 제공 등 모든 성인식의 잔재는 본래 '영웅' 혹은 '주술사'로서의 '환생'의 의미를 지닌다. 이들은 모두 본래 황홀경이 생산하거나, 상징하는 행위들과 연관되고, 사전의 훈련은 이를 위한 능력을 시험하거나 일깨우는 목적을 지닌다.

우리의 관심사인 '구원' 혹은 '자기 신격화'의 수단으로서의 황홀경은, 강렬한 삶의 강도나 일상으로부터의 멀어짐이라는 의미에서, 좀 더 순간적인 몰입과 신접의 성격을, 또는 경우에 따라 좀 더 명상적이기도 하고, 좀 더 적극적이기도 한 지속적인 종교 습속의 성격을 지닌다. 순간적인 황홀경의 생산을 위해서는 계획적인 구원방법론만이 아니고, 무엇보다 모든 유기적인 심리적 압박의 돌파를 위한 수단, 즉 급성의 약물(알코올 혹은 담배나 다른 독물을 통해 만들어진) 혹은 음악적 혹은 성적인 흥분(혹은 이 세 가지 방법이 함께)의 생산, 즉 광란의 제전(Orgie)이 이용되기도 한다. 또는 관련된 자격을 갖춘 이들이 타인에게 광란적 상태를 야기하는 히스테리적, 간질병적 발작을 일으키기도 한다. 그러나 이러한 급성의 황홀경은 그 의도와 성격상 순간적일 뿐이다. 이것은 일상의 습속에 긍정적인 발자취를 거의 남기지 못한다. 이것은 예언자적 종교성이 전개한 바와 같은 '의미 있는' 내용이 결여되어 있다. 그에 반하여, 때에 따라 '깨달음'(Erleuchtung)보다는 몽상적(신비적)이고, 회심보다는 능동적(윤리적)으로 경험되는 *희열*(Euphorie)의 좀 더 완화된 형태는 카리스마적 상태의 지속적 소유를 안정되게 보장하고, '세상'에 대한 의미 있는 관계를 제공하며, 그 성격상 '영원한' 질서 혹은 예언자들이 선포한 것과 같은 윤리적 신의 가치에 상응하는 것처럼 보인다. 우리가 살펴본 바와 같이, 이미 주술은 순간적인 광란 외에도 카리스마적 성질의 각성을 위한 체계적인 구원방법론을 알고 있었다. 직업적 주술사나 직업적 전사들은 순간적인 황홀경뿐 아니라, 카리스마적인 지속적 습속이 필요하다. 그러나, 윤리적 구원의 예언자들은 광란적 흥분이 필요하지 않다. 이는 오히려 예언자들이 요구하는 체계적인 윤리적 생활 태도를 방해한다. 자라투스트라의 분노한 윤리적 합리성은 이러한 흥분, 특히 비인간적이고 동물 학대적인 소마 제사의 흥분적 제의에 반대하였는데, 이는 광란의 춤에 반대한 모세나, '매춘', 즉 광란적 성전 매춘에 반대한 합리적 윤리 종교의 창설자 혹은 예언자들도 마찬가지다. 증대하는 합리화와 함께 종교적 구원방법론의 목표도 광란을 통해 도달하는 순간적 흥분으로부터, 지속적이고, 무엇보다 의식적으로 소유된 습속으로 변화되었다. 이러한 발전은 '신성' 개념의 양식 변화와도 연결된다. 전반적으로 구원방법론이 봉사하는 최고의 목적은 초월적 존재나 신의 육화, 자기 신격화 등 급성 형태의 광란이 봉사하는 목적과 유사했다. 다만 이것은 점차 지속적 습속이 되어야 했다. 구원방법론은 현세적 신성의 소유에로 향하여졌다. 이제 피조물과 대비되는 전능한 초월적 신이 있는 곳에서, 구원방법론의 목적은 더 이상 언급한 의미에서의 자기 신격화가 될 수 없었고, 그러한 신에 의해 요구된 성질의 획득과 함께 내세적, 윤리적으로 지향되고, 신을 소유함이 아닌, - 인간은 그렇게 할 수 없다. - 1) 신의 '도구'가 되거나, 2) 그에 의해 상태적으로 충만하게 되는 것으로 변화되었다. 이 중 후자가 전자보다 자기 신격화의 입장에 좀 더 가까이 있다. 후에 논의될 것처럼, 이러한 구분은 구원방법론의 양식 자체에 중대한 결과를 야기한다. 그러나 핵심적인 점에서는 일치가 있었다. 양자 모두에서 비신적(非神的) 존재가, 일상적 인간에서 벗어나 신과 같이 될 수 있었다. 비신적 존재의 특성은 무엇보다도 자연적으로 주어진 그대로의 인간 육체의 일상 습속과 일상 세계였다. 여기서 구원론적 방법론은 - 그 방법을 합리화하고, 초인간적 존재와 종교적 구원소유의 의미에 대한 상이한 관념에 맞게 적응한 - 주술과 직접 연결된다. 히스테리적 '금욕'을 통해 육체를 둔감하고, 강직증에서 나타나는 것처럼 뻣뻣하게 만들어, 자격자들의 경우 정상적인 신경 자극이 결코 야기할 수 없는 온갖 종류의 수행을 하는 것을 기대할 수 있다. 이는 어떤 이에게는 온갖 종류의 환상적·영적 사건들, 방언, 최면적 및 기타 암시적 힘을, 다른 이에게는 신체에 구속된 느낌, 신비적 깨달음 및 윤리적 회심, 심각한 죄의 고통, 신이 내재하는 환희의 느낌, 종종 이들의 급격한 연쇄를 낳는 성향을 심어준다. 그러나 이 모든 것은 육체의 기능, 필요 및 마음을 산란케하는 일상적 관심 등에 '자연스럽게' 항복하는 가운데 다시 사라진다는 것을 경험은 가르쳐준다. 자연스러운 육체성 및 사회적, 경제적 일상을 향한 태도에 대한 그로 인한 결과들은, 발전된 구원의 추구 도처에서 어떻게든 발견된다.

구원방법론의 특정 수단들은 인도 전역에서 최고로 세련된 발전 모습을 보인다. 이것들은 통상 주술적인 영의 강제에 의존하여 전개된다. 이러한 수단은 인도 내에서도 점차 자기 신격화의 방법으로 바뀌어 가며, 이후로도 이러한 특성은 지속된다. 이는 고대 베다 시기의 소마에 의한 흥분 제의로부터, 오늘날의 지적 황홀경의 승화된 방법 혹은 대중적인 힌두 종교성 - 오늘날까지 다양한 형태로(실제로 혹은 제의 가운데 상상 속에서) 수행되는 지배적인 에로틱한 광란 의식인 크리슈나 제의 - 에 이르기까지 지배적이다. 지적으로 승화된 황홀경의 추구는, 이슬람에서도 수피즘에 의해, 데르비쉬 제의와 같이 완화된 형태로도 행하여진다. 지금까지도 인도인들은 (프랑크(Frank) 박사의 지난달의 믿을만한 보고에 의하면)2) 보스니아에 이르기까지 이러한 방법론의 전형적 수행자이다.

역사상 가장 종교적으로 합리화된 두 세력, 서양의 로마 교회와 중국의 유교는 지속해서 그들의 영역에서 이러한 형태를 억압하거나, 베르나르(Bernhard)적 반(半)에로티즘적 신비주의, 성모에 대한 열정, 반종교개혁의 정적주의(Quietimus)[3] 등의 형태, 혹은 진젠도르프(Zinzendorf)식의 감정적 경건주의로 승화시켰다. 모든 광란적, 특히 에로틱한 제의는, 일상의 행동에 전혀 영향을 미치지 못하거나, 발전된 합리화나 체계화의 의미에서는 아닌 특정한 비일상적 성격을 지닌다. 이는 힌두 및 (일반적으로) 데르비쉬 종교성이 일상적 생활 태도의 방법론 형성에 대해 부정적인 의미를 부여하는 데서 확인할 수 있다.

종교적 구원재 획득의 체계화 및 합리화로의 발전은 이러한 일상과 비일상적 종교 습속 사이에 존재하는 모순의 제거로 향하여 졌다. 구원방법론이 만들어내는 헤아릴 수 없이 다양한 주관적 상태 가운데 몇몇은, 비일상적인 영-육의 개별적 상태를 묘사할 뿐 아니라, 특정한 종교적 구원재의 안정적이고 지속적인 소유, *은총의 확신*('구원의 확신'(certitudo salutis), '지속적 은총'(perseverantia gratiae))을 포함하고 있는 것으로 보이기에, 결국 고유의 중요한 의미가 있는 것으로 발전해 나간다. 은총의 확신은 이제 더욱 신비적, 혹은 곧 얘기하게 될 더욱 적극적인 윤리적 색깔을 갖게 된다. 이는 지속적이고, 통일된 기반을 지닌 삶의 태도를 어떤 경우에도, 의식(意識)적으로 소유하는 것을 의미한다. 종교적 소유의 확실성

---

2) 영문 번역판 각주에서는 이 인물을 바벨론 종교 연구(*Studien zur babylonischen Religion*, 1911)의 저자인 Carl Frank로 추정한다.

3) 인간의 자발적, 능동적인 의지를 최대로 억제하고, 신의 힘에 전적으로 의지하려는 수동적 사상. 역사적으로 보면 17세기에 크게 외형화·허세화한 교회주의에 맞서, 신앙의 내면화 및 질적 향상을 지향한 가톨릭 안에서 절정기를 맞지만, 그 대표적 인물인 몰리노스(Miguel de Molinos)의 주장은 이단으로 정죄되기도 한다. 가톨릭의 정적주의는 후에 프로테스탄트의 경건주의로 계승된다고 볼 수 있다.

에 관한 관심에서, 한편으로는 광란, 다른 한편으로는 비합리적이고, 단지 자극적이며 감정적인 금욕 수단을 대신해서, 지속적인 영양공급의 억제, 성적 억제, 호흡빈도의 조절 등과 같이 신체적 기능을 계획적으로 저하하는 방법이 먼저 나타난다. 여기서 나아가, 종교적으로 본질적인 것에 체계적으로 정신을 집중시키는 방향으로 영적 과정 및 사고의 훈련이 행해지는데, 신성한 음절('옴')의 지속적인 반복, 원이나 다른 도형에 대한 명상, 계획적인 '텅 비움'의 연습과 같은 인도의 요가 테크닉이 대표적이다. 그러나 종교적 소유의 *지속*과 *균형*에 관한 관심에서 구원방법론의 합리화는 결국 이러한 방법을 넘어, 겉보기에는 전도된 모습, 종교적 습속의 *지속성*을 보장하는 수단에 대한 연습을 계획적으로 제한하는, 건강과 관련된 비합리적인 모든 수단을 버리는 것으로 나타난다. 온갖 종류의 흥분에서처럼, 에로틱한 광란이나 춤의 흥분과 같은 광란의 영웅적 황홀경은 신체적 탈진과 정신의 히스테리적 충만은 심리적 탈진, 종교적으로 말하면 심각한 신의 떠남과 교대로 나타난다. 그리스에서는 전사의 훈련에 있어 영웅적인 황홀경을 항상 '절제의 미덕'의 조화와 균형을 맞추는데, 순전히 음악적-리듬적으로 만들어진 황홀경만을 용인하고, 이때 - 5음 음계만을 허용하는 유교적 합리주의와 같이, 멀리 나아가지는 않지만 - 음악의 '에토스'는 주의 깊게 정치적으로 올바른 방향으로 향하여진다. 수도사적 구원방법론은 점점 더 합리적으로 발전하여, 인도에서는 고대 불교에서, 서양에서는 역사적으로 가장 영향력 있는 수도종단인 제수이트(Jesuit)에서 절정에 이른다. 방법론은 점점 더 신체적·심리적 위생학을, 형식과 내용 면에서, 모든 사고와 행위의 방법론적 규제와 결합하여 -

자신의 신체적, 영적 과정에 대해 가장 완벽하게 *깨어 있고*, 의지적이고, 반(反)욕망적인 *지배*의 의미에서의 - 체계적 삶의 규율화를 종교적 목적 아래 두게 된다. 이러한 목적에 이르는 길과 목적의 상세한 내용은 그 자체로 아직 분명하지는 않으며, 방법론의 수행 결과도 마찬가지로 매우 유동적이었다.

어떤 목적을 가지고, 어떻게 행하여지든 간에, 체계적 구원*방법론*에 근거한 모든 종교성에서 기본적으로 경험되어지는 것은 인간의 *종교적 자질의 다양성*이다. 주술사로의 환생을 이끄는 상태를 야기하는 카리스마를 모두가 소유하지는 못한 것처럼, 지속해서 안정된 은총의 확신을 보장하는 종교적 습속을 일상 속에서 확정하는 카리스마도 누구나 가질 수는 없다. 환생은 종교적 자질을 갖춘 귀족들에게만 허용된 것으로 보인다. 주술적인 자격을 지닌 마법사와 마찬가지로, 구원을 방법론적으로 완성한 종교적 *대가*(Virtuose)들은 신자들의 공동체 도처에서 그 특별한 종교적 '지위'를, 그 영역 안에서는 특별한 사회적 영예가 주어지는 지위를 획득한다. 인도에서 이러한 의미의 모든 신성한 권리는 고행자들과 연관되며, 인도의 구원종교는 수도사의 종교였다. 초기 기독교에서도 고행자들은 공동체의 동료와는 근본적으로 다른 특별 범주로서 취급되었고, 후에는 수도종단을 형성하였다. 개신교에서는 금욕적 종파 혹은 경건주의 교회를, 유대교에서는 천민들과 대비되는 구원 귀족으로서의 페루심[4](바리새인)을, 이슬람에서는 데르비쉬와 진정한 수피였던 그 내부의 대가들을, 스콥치(Skoptsy)[5]에서는 밀교적인 거세 공동체를

---

4) 바리새인이 자신들을 지칭하는 표현. 직역하면 '분리된 자'.

5) 18세기 발생하여 20세기 초반에 전성기를 누린 러시아의 신흥종교. 실낙원 당시 선악과가 남성의 음부에 달라붙어서 음낭과 고환이, 여성의 가슴에 달라붙어서 유방이 생겼다고 생각하여, 거세 또

형성하였다. 우리는 후에, 이러한 일들의 사회적으로 중요한 결과들을 다룰 것이다.

구원방법론은 실제적으로는, 그 태도 윤리적 해석에 있어, 늘 종교적으로 가공되지 않은 원초적 인간 속성의 특정 욕구 및 감정을 극복하는 것을 의미한다, 비겁함이나 잔혹함, 이기심, 또는 성적 관능이나 다른 어떤 것이 인간을 카리스마적 습속에서 가장 벗어나게 만드는, 그러기에 더욱 맞서 싸워야 할 것인지는, 특별한 개별적 사례들의 질문으로 남아서, 이에 관한 결정은 개별 종교의 중요한 내용적 특성이 되었다. 이러한 의미에서 종교의 방법론적 구원교리는 늘 *대가적 윤리*(Virtuosenethik)이다. 주술적 카리스마처럼 이러한 윤리는 늘 종교적 대가됨의 증명을 요구한다. 종교적 대가가 우마르 시기의 모슬렘처럼 세계 정복적 종단의 형제이든, 혹은 대부분의 기독교와 좀 더 작게는 자이나와 같은 세계 거부적인 금욕주의자이든, 혹은 불교 수도승과 같은 세계 거부적 명상가이든, 고대 기독교와 같은 수동적 순교자이든, 금욕적 개신교와 같은 세계내적 직업적 미덕의 대가이든, 유대 바리새인과 같은 형식적인 율법주의자이든, 성 프란시스와 같은 무세계론자(Akosmismus)[6]이든 간에, 우리가 이미 확인한 바처럼, 자신의 대가적 태도를 시련 가운데서 늘 새롭게 입증할 때에만, 진정한 구원의 확신을 소유한다. 이러한 은총의 확신 입증은 종교적 구원이 갖는 성격에 따라 상이하게 나타난다. 이는 항상 종교적, 윤리적 기준을 유지하고, 또한 최소한 아주 거친 죄는 범하지 않는 것을 포함하는데, 이는 불교의 아라한

는 유방 절제술을 받아야 천사가 된다고 주장하였다.

6) 우주 및 세계의 실재성을 부정하고, 모든 것이 유일하게 실재하는 신의 그림자에 지나지 않는다는 주장.

도, 원시 기독교인도 마찬가지였다. 원시 기독교에서의 종교적 자격자, 즉 세례자는 더 이상 죽음의 죄에 빠질 수 없고, 빠져서도 안된다. '죽음의 죄'는 종교적 자격을 폐기하는, 따라서 용서받을 수 없는, 혹은 새롭게 은총을 부여하는 - 죄는 그 은총의 상실로서 나타난다 - 카리스마적 자격자를 통해서만 용서가 가능한 죄이다. 이러한 대가적 교리는 고대 기독교의 대중공동체 내에서 실제적으로는 지켜질 수 없었다. 하지만, 몬타니스 주의는 이를 하나의 요청으로 유지하면서 - 이슬람의 전사적 영웅종교가 배교를 예외 없이 죽음으로 처벌한 것처럼 - 최소한 비겁함의 죄는 용서받을 수 없는 것으로 남겨 놓는데, 결국 데키우스 및 디오클레티아누스의 박해하에서, 사제의 이해관계 입장에서, 공동체의 존립 및 양적 유지를 위해 이러한 요구가 실행 불가능해졌을 때, 일상적 기독교인의 대중교회로부터 분리된다. 구원의 입증과 또한 그 실제적 태도의 성격은, 여러 차례 암시된 것처럼, 그 축복을 보장하는 구원재의 성격에 따라 근본적으로 상이하다.

혹은 구원을, 신이 이러한 행위를 유도하였다는, 인간은 신의 도구라는 의식을 갖고 수행되는 능동적인 윤리적 *행위*의 선물로 보기도 한다. 우리의 목적을 위해 이러한 양식의 종교적 구원방법론을 통해 조건 지어진 태도를 종교-'*금욕적*'이라고 명명한다. 이 표현을 다른 광범위한 의미에서 사용할 수도 있으며, 사용하고 있다는 것을 논쟁할 필요는 없다. 그에 대한 반박은 이후에 분명해질 것이다. 종교적 대가성은 늘, 자연 충동을 체계적 삶의 태도 아래 종속시킬 뿐 아니라, 불가피하게 비(非)영웅주의적, 공리적인 전통 미덕을 지닌 사회적 공동체 생활과의 관계를 급진적인 종교-윤리적 비판 아래 종속시킨다. 세상 속의 단순한 '자연적' 미덕은 구원을 보장하지 못할 뿐 아니라, 필요한 것에 대한 기만을 통하여 구원을 위태롭게 한다. 그리하여 사회적 관계, 종교적 언어사용에서 '세상'은 신적인 것으로부터 전적으로 벗어난, 윤리적으로 비합리적인 육욕의 장소일 뿐 아니라, 적극적 구원 수행을 위한 행위의 집중 대신, 종교적으로 평균적인 인간이 흔히 행하는 의무의 성취만으로, 자기의(自己義)적으로 만족하는 그런 장소가 된다. 이러한 집중은 '세상', 즉 가족 및 소유의 사회적·영적 결합, 정치적·경제적·예술적·성적인 모든 피조물 특유의 관심 사항으로부터의 공식적인 단절, *세계 거부적 금욕*을 필연적으로 만든다. 그러한 영역에서의 모든 활동은 신에 의해 적대시된 세상을 수용하는 것으로 보인다. 하지만, 반대로 이러한 금욕이 특정의 고유한 거룩한 태도, 신의 선택된 도구로서의 활동, 즉 *세계내적 금욕*을 세상 속에서, 혹은 세상의 질서에 맞서서 요구하기도 한다. 이 경우에 세상은 종교적 대가에게 부과된 '의무'가 된다. 이러한 과제가 성립되면, 세상은 금욕적 이상에 따라 변화되어야 할 대상이 된다. 크롬웰 치하의 '성도의 의회', 퀘이커 국가, 다른 종류의 과격한 경건주의 비밀-공산주의 등에서 알려진 바와 같이, 이제 금욕가는 합리적, '자연법적' 개혁가 혹은 혁명가가 된다. 종교적 자질 차이의 결과로, 이러한 금욕주의적 결합은 항상, 이들을 둘러싼 평균적 인간들의 세상, 혹은 본래로는 그 바깥에 있는, 귀족적 특수조직, 원칙적으로 '계급'과 다를 바 없는 것이 된다. 아마도 이들이 세상을 지배할 것이고, 평균적 자질을 가진 이들은 고유한 대가의 경지에 도달할 수 없다. 모든 종교적으로 합리적인 결합체들이 이러한 자명한 사실을 무시하더라도, 결과적으로는 이를 경험할 수밖에 없다. 금욕적으로 평가하여, 전체로서의 세계는 '*파멸할 대중*'(massa perditionis)으로 머무른다. 세상이 이들의 종교적 요구에 응하는 것을 포기하는 다른 대안도 남아 있다. 그런데도, 세상의 질서 내에서 그 증명이 이루어져야 한다면, 세상은 본질적으로 죄의 용기(用器)로 머무르기에, 바로 그 죄 때문에, 질서 안에서의 최대한의 투쟁이 금욕적 태도의 보증을 위한 하나의 과제가 된다. 세상은 피조물적 무가치함에 머무르며, 그 재화에 대한 향유는 구원재 및 그 소유를 위협하고, 멸망에 이르는 태도와 환생할 수 없음의 징표가 된다. 그런데도, 세상은, 그 피조성에도 불구하고 자신의 힘을 발휘하는 신의 창조물로서, 고유한 은총의 상태를 확실히 하고, 그 안에 머물기 위해서, 고유한 종교적 카리스마가 합리적인 윤리적 행위를 통하여 자신을 증명해야 하는 유일한 장소이다. 이러한 적극적인 증명의 대상으로서 세상의 질서는, 그 안에 놓인 금욕주의자들에게, 합리적으로 '완수'해야 할 가치가 있는 '소명/직업'(Beruf)[7]이 된다. 부의 향유는 금기시되고, '소명/직업'은 *합리적*· 윤리적으로 제도화된, 엄격한 적법성을 지닌 경제활동으로, 그 성공은 수익, 즉 경건한 자의 일에 대한 신의 축복, 혹은 경제적 삶의 태도에 대한 신의 호의로서 가시화된다. 인간에 대한 모든 감정의 과잉은 신적인 구원의 선물을 부정하는, 피조물을 신격화하는 표현으로 금지되지만, '소명/직업'은, 신의 창조를 통해 놓인, 세상의 *합리적인 목적결합체*의 실제적 목적에 대한, 건전하고 합리적인 합력으로 간주된다. 피조물을 신격화하는 에로티시즘도 금지되며, 신의 뜻에 따르는 소명

---

7) 독일어 Beruf는 본래 소명을 의미하나, 루터에 의해 이후 직업을 가리키는 말로 사용되었다. 이 글에서는 양자의 의미를 다 지니기에, '소명/직업'으로 함께 표기하였다.

은 (청교도들이 표현한 바처럼) 결혼 내에서의 '건전한 자녀 생산'이다. 열정 혹은 흥분과 같은 개인적 동기에 기인한 개별적 폭력은 금지되지만, 합목적적으로 질서 잡힌 국가에서 죄와 반항적 태도를 합리적으로 억제하고 징계하는 것은 신의 뜻에 따르는 것이다. 개인적인 세속적 권력 향유는 피조물의 신격화로 금지되지만, 법에 따른 합리적 질서의 지배는 신이 원하는 바이다. '세계내적 금욕자'는 자신의 개인적 생활 태도를 합리적으로 체계화한다는 의미에서, 또한 윤리적으로 비합리적인 모든 것 - 예술적인 것이든, 세상과 그 질서 내에서의 개인적 감정의 것이든 간에 - 을 거부한다는 의미에서 합리주의자이다. 그러나 항상 특정한 목표, 특히 고유한 생활 태도에 대한 '깨어 있는' 방법론적 지배는 유지된다. '정도'의 차이는 있지만, 세상 질서 내에서의 증명을 종교적 자질의 증거로 인식하는 금욕적 개신교는 우선적으로, 이러한 '세상 내적 금욕'의 유형에 속한다.

혹은, 특정한 구원재는 적극적 성질의 행위나, 신의 의지를 집행한다는 의식이 아니라, '신비적 조명'과 같은 특정한 종류의 상태가 되기도 한다. 이는 또한 소수의 특정 자격자에 의해서만, '명상'이라는 특정한 양식의 체계적 활동을 통해서만 얻어질 수 있다. 명상은 그 목표에 도달하기 위하여 늘 일상적 관심의 단절이 필요하다. 퀘이커의 경험에 의하면, 인간 내의 피조물적 요소가 완전히 침묵할 때에만, 신은 그 영혼 속에서 말한다. 노자와 부처로부터 타울러(J. Tauler)[8)]에 이르기까지 모든 명상적 신비주의자들이, 표현은 다르지만, 사실에서는 이에 대하여 일치한다. 그 결과는 절대적인 세계

---

8) Johannes Tauler(c1300-1361). 중세 독일의 신비가. 생활의 실천이라는 차원에서 혼의 구제에 역점.

도피이다. 이 명상적인 세계도피는 고대 불교 및 확실히 거의 모든 아시아와 근동의 구원 양식의 특징인데, 금욕적 세계관과 유사하게 보이지만, 그로부터 엄격하게 구분되어야 한다. 여기서 사용된 의미에서의 세계 거부적 금욕주의는 주로 활동에 초점을 맞춘다. 특정 종류의 행위만이 금욕주의자들에게 그가 추구하는 자격에 도달하는 것을 돕는데, 이러한 자격은 다른 한편으로는 신적 은총으로부터 유래한 행위-능력이기도 하다. 그에게 행위 능력이 종교적 구원의 소유로부터 부여되며, 이를 통해 그는 신에게 봉사한다는 의식 속에서, 늘 새롭게 자신의 은총 상태를 확인한다. 그의 투쟁 상대나 수단이 어떻든 간에, 그는 자신을 신의 투사로 느끼며, 세계도피 자체는 심리적인 도피가 아니라, 새로운 유혹에 대한 항상 새로운 승리이며, 이를 통해 그는 늘 새롭게 적극적으로 투쟁할 수 있게 된다. 세계 거부적 금욕가는 최소한 '세상'에 대해 부정적 내적 관계가 전제된 투쟁을 한다. 그 때문에 사람들은 그에 대하여 합목적적인 '세계거부'를 말하지, 명상적 신비가를 가리키는 '세계도피'로 얘기하지 않는다. 명상은 그에 반하여 주로 신적인 것 안에서의, 오직 그 안에서만 '쉼'을 추구한다. 행하지 *않음*, 그 최종 결과로서의 생각하지 *않음*, '세상'을 기억하게 하는 모든 것으로부터의 텅 비움, 모든 외적, 내적 행위의 절대적 최소화가 신적인 것의 소유로서, 또한 그와의 신비적 결합으로서 누리게 될 내적 상태에 도달하는 길이며, 이러한 상태는 특정 '지식'을 매개하는 것으로 보이는 독특한 감정의 습속이다. 주관적으로는 이러한 '지식'의 특별한 내용이나, 그 소유의 감정적인 색채가 더욱 전면에 나타나는데, 객관적으로는 후자가 중요하다. 신비적 지식은, 독특한 성격을 지닐수록 더욱 소통이 불가능하지만, *그런데도* 지식으로서 나타난다는 것이 그 특별한 성격을 부여한다. 이는 어떤 사실 혹은 교리의 새로운 인식이 아니라, 세계의 통일적 의미를 파악하는 것이며, 이러한 의미에서, 신비주의자들이 다양하게 언급한 바처럼, *실제적인* 지식이다. 그 핵심 본질을 따르면, 이것은 오히려, 그로부터 세상에 대한 실제적 지향성을, 상황에 따라 새롭게 소통할 수 있는 '인식'을 얻게 하는, 하나의 '자산'이라고 할 수 있다. 이러한 인식은 세상 내의 가치 있는 것과 무가치한 것의 인식이다. 여기서 우리는 그 구체적인 사항이 아니라, 행위에 대한 - 여기에 사용된 명상의 의미에서, 금욕주의와 반대되는 고유한 - 부정적 영향에 관심을 둔다. 상세한 논의를 유보한다면, 이미 여기서 매우 인상적으로 강조된 바와 같이, 세계 거부적 금욕과 세계 도피적 명상 사이의 대조는, 대체로 그리고 특별한 정도로, 분명히 유동적이다. 우선 세계 도피적 명상은 최소한, 체계적으로 합리화된 생활 태도와 상당한 정도로 결합되어 있다. 이것만이 구원재에 대한 집중으로 인도한다. 그러나, 이는 명상의 목표에 도달하기 위한 수단일 뿐이고, 합리화는 본질적으로 부정적 양식으로, 자연 및 사회적 환경을 통한 방해를 *막는 데서* 발생한다. 그러나, 명상은 결코 몽상에의 수동적인 자기위임이 아니며, - 실제에 있어 이러한 모습에 다가가기는 하지만 - 단순한 자기최면도 아니다. 그에 이르는 고유한 길은 확실한 '진리'에 아주 정력적으로 집중하는 것이다. 이러한 과정의 결정적 특징은, 비신비주의자에게는 종종 매우 단순하게 보이는, 이러한 진리의 내용이 아니라, 그 강조의 방식과 세상에 대한 총체적 시각으로 통일적으로 바라보는 중심적 태도이다. 불교의 중심 교리 중 매우 사소하게 보이는 어구들을 분명하게 이해한다고 해서, 또는 이를 명확하게 진리로 깨우친다고 해서, 깨닫는 자가 되지는 않는다. 사고의 집중과 그 밖의 구원방법론적 수단은 목표를 향한 길일 뿐이다. 이 목표 자체는 특별한 종류의 감정 상태, 실제적으로는, 신비주의자에게 종교적 은총의 상태를 결정적으로 보장해 주는, 지식과 실제적 태도의 감지된 통일성에서만 성립한다. 금욕주의자에게도 이러한 감지된, 의식된 신적인 것의 파악은 중요한 의미를 갖는다. 다만 이러한 느낌은 소위 '운동적'으로 제한된다. 이 느낌은, 신의 도구로서 온전히 신에게 관계된, 합리적 윤리의 행위를 행한다는 의식 속에 살아갈 때, 나타난다. 그러나 신적인 것의 '도구'가 아니라, '용기'가 되고자 하는 명상적 신비주의자에게는, 이러한 윤리적으로 투쟁하는 행위 - 긍정적이든 부정적이든 - 가 주변적 기능만을 지향하는, 신적인 것의 지속적인 외면화일 뿐이다. 고대 불교는 행하지 않음, 모든 합리적 목적 행위('특정한 목표를 가진 행위')를 세속화의 가장 위험한 형태로서 회피하는 것을, 은총의 상태 유지를 위한 전제조건으로 권장하였다. 금욕주의자들에게 신비주의자의 명상은 태만하고, 종교적으로 무익하며, 금욕적 견지에서는 비난받을 자기만족으로 보이며, 스스로 만들어낸 느낌 안에서 피조물을 신격화하는 탐닉일 뿐이다. 반면 명상적 신비주의자의 관점에서 보면, 금욕주의자는 - 세상 외적인 - 자기 괴롭힘과 투쟁을 통해, 특별히 금욕적-합리적 세상 내적 행위를 통해 지속해서, 폭력성과 선함, 사실성과 사랑 사이의 해소될 수 없는 긴장을 지닌 삶의 모든 무거운 짐 속으로 빠져들고, 이를 통해 신과의 합일로부터 멀어지며, 구원이 없는 모순과 타협을 강요받는 자이다. 금욕주의자의 관점에서 보면,

명상적 신비주의자는 신과 그의 나라와 명성의 확장, 신의 의지의 실현에 대하여는 생각하지 않고, 오직 자기 자신에 대하여만 관심이 있다. 더욱이 그는, 자신이 살아가는 과정에 있는 불가피한 삶의 걱정거리라는 단순한 사실로 인해, 이미 항구적인 모순 속에 있다. 명상적 신비주의자가 세상과 그 질서 속에서 살아가야 할 때, 대부분이 그렇다. 확실히 세계 도피적 신비주의자는 금욕주의자보다 이미 세상에 더 '의존적'이다. 금욕주의자는 은둔자로 살아도, 그가 하는 일에서 자신의 은총 상태를 확실히 할 수 있다. 신비적 명상가는 일관되게 머물고자 한다면, 자연이나 사람들로부터 그에게 무상으로 제공되는 것에 의해서만 살 수 있다. 숲속의 장과(漿果)류 같은 것들은 지속해서 얻어질 수 없기에 자선이 필요하다. 실제로 인도의 엄격한 승려들은 이에 해당하는 경우이다(무상으로 제공되지 않은 것을 취하는 것을 엄격히 금지하는 인도의 비구승(불교의 승려들) 계율). 어쨌든 그들은 세상의 선물에 의해 살고, 그들이 죄로, 신에게서 멀어지는 행위로 여기는 것, 바로 노동을 세상이 지속해서 행하지 않으면 살 수 없다. 특히 불교의 승려들에게는 농사가 가장 비난받는 활동인데, 이는 땅에 있는 동물을 폭력적으로 해칠 수 있기 때문이다. 그러나 그들이 취하는 자선물은 무엇보다 농산물에서 얻어진다. 신비주의자의 필연적인 구원-귀족주의는 바로 여기에서 철저하게 드러난다. 그들은 모든 깨우치지 못한 자들, 온전한 깨우침에 다가갈 수 없는 자들에게, 세상을 피할 수 없는 운명으로 맡겨 버린다. 불교 평신도의 핵심적이며, 기본적인 유일한 덕은 승단에 속한 모든 승려를 공경하며, 자선을 베푸는 것뿐이다. 그러나 사람들이 '행동'하는 것은 매우 일반적이며, 신비가 자신에게도 불가피하다. 행동이 은총의 확실성을 주지 않고, 아마도 신과의 합일로부터 멀어지게 할 수 있으므로, 그는 자신의 행동을 최소화한다. 반면에 금욕주의자는 행위를 통하여 자신의 은총 상태를 증명한다. 온전한 세계거부나 세계도피의 결과를 인용하지 않을 때도, 양자 행동방식의 대조는 너무나 분명하다. 금욕주의자는 그가 세상 속에서 행동하고자 할 때, 세상 속의 금욕을 위해, 세상의 '의미'에 대한 모든 질문에 일종의 행복한 편협함을 지니고, 전혀 근심하지 않는다. 그러므로, 세상 속의 금욕이, 모든 인간적 기준을 배제하는, 칼빈적인 신의 동기의 절대적인 불가해성에 근거하여 가장 철저하게 발전한 것은 우연이 아니다. 세계내적 금욕주의자는, 인간이 아닌 신이 책임을 지는 *전체* 세상 속에서, 자신의 실제 직업-소명의 행사 의미에 관해 묻지도 않고, 물을 필요도 없는, 확고한 '직업/소명의 인간'이다. 그에게는, 이 세상에서 자신의 인격적인 합리적 행위를 통해, 그 궁극적 의미의 이해가 그에게는 불가능한 신의 의지를 집행한다는 의식으로 충분하기 때문이다. 반대로 명상적 신비가에게는, 세상의 모든 '의미'를 인지하는 것이 중요하다. 하지만 이것은 모든 실제적 현실 *너머*에 일자(一者)로서 포착되기에, 이를 합리적 형태로 '이해'할 수는 없다. 신비적 명상이 늘, 사회적 환경과의 모든 접촉을 피한다는 의미에서, 세계도피의 결과를 갖는 것은 아니다. 반대로 신비주의자들도 자신의 은총 상태의 확실한 증명으로서, 세상의 질서에 *대하여* 자신의 은총 상태를 주장할 수 있다. 그에게 있어서도 이러한 세상에 관한 입장은 '직업/소명'이 된다. 다만, 세상 내적 금욕주의자와는 매우 다른 방향으로 나타난다. 금욕가도, 명상가도 세상을 긍정하지는 않는다. 금욕가들은 그 피조물적, 윤리의 비합리적 경험적 특성을, 또한 세속적 욕망, 그 기쁨과 선물을 누리면서 휴식하고자 하는 윤리적 유혹을 거부한다. 반면, 세상 질서 내에서의 개별적인 합리적 행위는 은총을 증명하는 과업과 수단으로 인정한다. 그에 반하여, 세상 속에 살아가는 명상적 신비가에게, 행위, 특히 세상 속의 행위는 그 자체로 자신의 은총 상태를 주장하는 하나의 시험대이다. 그는 자신의 행위를 최소화하며, 그렇게 함으로써 현존하는 세상의 질서 속에 자신을 맞추어 가며, 신이 그 속에서 살아가도록 그렇게 '보내었기에', 항상 '그 땅에서 조용히'[9) 그렇게 익명으로 살아간다. 독특한, 겸손한 빛깔의 '의기소침'이 명상적 신비가의 세상 속 행위를 특징 지우며, 그로부터 늘 다시 내적인 신의 침묵 속으로 도피하고자 한다. 반면, 금욕가는 자신과의 일치 속에서 행동함을 통해 신의 도구 됨을 확인한다. 그의 독특한 의무적인 피조물적 '겸손'은 늘 의심스러운 확실성에 기인한다. 그의 행위의 성공은 그에 기여한 신 자신의 성공이며, 최소한 그와 그의 행위에 대한 신의 축복의 표시이다. 반면 진정한 신비가에게 *세상* 속 행위의 성공은 결코 구원의 의미를 지니지 않고, 세상 속에서의 진정한 겸손의 유지는 그의 영혼이 세상에 떨어지지 않았다는, 정말로 *유일한* 보증이다. 세상 *밖의* 현세적 명상의 오만한 구원 귀족주의에 반하여, 그가 세상 속에 더 많이 서 있을수록, 세상에 대한 그의 태도는 더욱 '의기소침'해진다. 금욕가에게 구원의 확실성은 늘 합리적인, 의미, 수단, 목적에 있어 분명한 행위 속에서 원칙과 규정에 따라 증명된다. 상태적으로 파악되는 구원재를 소유한 신비가에게, 이러한 상태의 결과는 비율법주의적일 수 있다.

---

9) 시편 35:20에서 인용.

감정은 행위나 그러한 종류가 아닌, 느껴지는 상태와 그 성질에서 드러나며, 이는 결코 행위의 규칙에 얽매이지 않고, 오히려 그가 행하는 모든 것에서 구원을 확실히 한다. 이러한 결과(모든 것이 내게 가하나)10)에 대하여 바울은 논쟁한 바 있고, 이는 신비적 구원 추구의 결과로서 반복적으로 나타난다.

나아가 피조물에 대한 신의 요구가 금욕가에게는, 종교적 미덕의 규범을 통한 무조건적 세계 지배의 요구로, 이러한 목적을 지향하는 혁명적인 세계 변화로 승화될 수 있다. 이 경우, 금욕가는 세계 거부적인 수도원의 방에서 나와, 세상의 예언자로서 나타난다. 그러나, 그가 요구하는 것은 자신의 방법론적 합리적 자기 규율에 상응하는, 합리적인 윤리적 질서와 세계의 규율화일 것이다. 반면 신비가가 유사한 길에 접어들 경우, 즉 내면적인 신의 경험, 신적 구원재의 명상적이고 고독한 소유로 인한 고요한 만성적 행복감이 - 자신 안에서, 자신으로부터 말하는, 또한 그에게 찾아와 영원한 구원을 제공하기 원하는 바로 그 신 혹은 그 신의 구원적 소유를 통해 - 거룩한 신접의 급성적 감정으로 변화하면, 이 땅에 신들의 자리, 즉 자신의 영혼을 준비할 때 바로, 그는 그 힘 안에서 신과 악마의 주술사처럼 느끼면서, 종종 일어나는 것처럼 실제적 결과 면에서는 비의전수자(Mystagoge)가 된다. 혹은 그가 이러한 길을 걸을 수 없고 - 이에 대하여는 다양한 이유에서 아직 말할 수 없는데 -, 단지 교리를 통해서만 신에 대하여 증거할 수 있다면, 세상에 대한 그의 혁명적 설교는 천년왕국적인 비합리성을 지닌, 모든 합리적 '질서'의 사고를 조롱하는 것이 될 것이다. 그의 고유한 무

---

10) 고린도전서 6:12

우주론적(akosmistich) 사랑의 절대성은 신의 원천으로부터만 유래하였기에, 신이 원하는 신비적으로 갱신된 인류 공동체의 충분한 기반이 될 수 있다. 세계 거부적인 신비주의에서 천년왕국적인 혁명적 습속으로의 변화는 16세기 재세례파의 혁명적 활동방식에서 가장 인상적으로 나타났다. 반대의 진행 과정에 대하여는, 예를 들면 존 릴번(John Lilburne)[11]의 퀘이커 유형으로의 전향이 잘 보여준다.

세계내적 구원종교가 명상적 특성들에 의해 결정되는 한, 그 정상적인 결과는 최소한 상대적으로 세계에 무관심한, 주어진 사회질서에 대한 겸허한 받아들임이다. 타울러 부류의 신비가들은 낮의 일을 마치고 저녁에는 신과의 명상적인 합일을 추구한다. 그리고, 다음 날 아침에는, 타울러가 감동적으로 실행한 것처럼, 올바른 내적인 이해 속에서 그의 익숙한 일로 다시 나아간다. 도(道)와의 합일을 겸손과 인간 앞에서 자신을 낮추는 모습에서 찾는 사람을 우리는 노자(老子)에게서도 발견한다. 최고의 현세적 구원재는 결국 신비적 합일이라는 루터의 종교성에서의 신비적 요소는 (다른 동기들과 더불어) 복음선포의 외적 조직에 대한 무관심과 또한 그 반금욕적, 전통주의적 성격을 낳았다. 전형적인 신비가는 강력한 사회적 행위를 하는 자도, 외적인 성공을 지향하는 방법론적 생활 태도에 의해 현세적 질서의 합리적 변화를 추구하는 자도 아니다. 진정한 신비주의의 기반 위에 공동체적 행위가 성립한 곳에서는, 신비적 사랑의 무우주론이 그 결정적 특성이 된다. 이러한 의미에서, 신

---

11) 1614-1657. 영국 청교도혁명기의 급진파인 평등파(Levellers) 지도자. 그는 만년에 퀘이커교로 개종하였다.

비주의는 그 '논리적' 연역 가능성에 반하여, 공동체를 심리적으로 형성하는 작용을 한다. 기독교적 형제애가 순수하고 강력하다면, 교리적 믿음일지라도, 모든 것에서의 일치로 인도할 것이라는, 또한 요한적 의미에서, 신비적으로 서로 충분히 사랑하는 자들은 동일하게 생각하고, 바로 이러한 감정의 비합리성으로부터 신이 원하는 방식으로 연대하여 행동할 것이라는, 이러한 굳건한 신념이 동방 신비주의 교회의 핵심개념이다. 그 때문에 이들 교회는 가르침에 대한 무오류의 합리적 권위를 필요로 하지 않고, 이는 교회 안팎의 친슬라브적 공동체 개념의 기초가 된다. 확실히 고대 기독교의 사유는 아직 공동체적이었으며, 이러한 사유는 공식적 가르침의 권위가 필요 없음에 대한 무함마드의 신념 및 - 다른 동기들과 함께 - 고대 불교 승단 조직의 최소화 근거가 된다. 반면에, 세계내적 구원종교가 특징적으로 금욕적 경향을 지니고 있는 곳에서는, 수도원 공동체이든 신정국가이든 간에, 항상 외적 생활 태도와 합리적 객관화, 현세적 질서 사회화의 방법론적 체계화와 같은, 합리적 행위를 향상하는 의미에서의 실용적 합리주의가 요청된다. 이것이 서양적 양식의 구원종교와 동양적, 아시아적 종교의 역사적인 결정적 차이이다. 전자는 본질에서 금욕으로, 후자는 명상으로 귀결된다. 차이가 유동적이라는 것도, 더욱이 다양하게 반복되는 신비주의와 금욕주의적 경향의 조합 - 예를 들면 서양의 수도원적 종교성에서 - 이 이질적 요소와의 조화 가능성을 보여주는 것도, 순수한 경험적 관찰을 위한 이러한 차이의 중요한 의미를 바꿔놓지는 못한다. 우리에게 중요한 것은 행위에 대한 효과이기 때문이다. 인도에서는 자이나교 승려와 같은 금욕적인 구원방법론도 최종적으로는 순수한 명상적, 신비적 목표에 도달하고, 동아시아에서는 불교가 특징적인 구원종교가 된다. 반면에 서양에서는 근대에 속하는, 특징적인 정적주의의 개별적인 대변자들을 제외하면, 뚜렷한 신비적 색채의 종교성조차도 늘 새롭게 적극적인, 당연히 금욕적인 미덕으로 변환되거나, 혹은 동기의 내적 선택 과정에서 주로 어떤 적극적 행위, 통상 금욕을 가리키는 행위를 선호하며, 실천한다. 베르나르적인, 프란체스코파의 영성주의적인, 또한 재세례파와 제수이트파의 명상도, 진젠도르프의 감정의 충만도 - 물론 때에 따라 매우 다른 강도로, 또한 순전히 금욕적이거나 명상적으로 누그러지더라도 - 공동체에서, 때로 신비가 자신에게서, 행위와 행위 안에서의 은총의 증명이 우세를 유지하는 것을 막을 수는 없었다. 예수의 언급에도 불구하고, 마이스터 에크하르트는 결국 마르타를 마리아의 위에 놓았다. 확실히 이것은 처음부터 기독교의 특성이었다. 이미 온갖 종류의 영의 비합리적 카리스마 은사를 구원의 결정적인 표시로 간주하던 초기에, 변증론자들은 사탄이나 악마의 섭리가 아닌 신에 의한 그리스도와 그리스도인의 영적 성과를 어떻게 분별할지에 대해, 신자들의 도덕성에 대한 기독교의 분명한 영향이 그 신적인 유래를 증명한다고 답하였다. 인도인이라면 그렇게 답하지 않았을 것이다.

이러한 근본적 차이에 근거하여 여기서 다음과 같이 얘기할 수 있다.

1. 초월적인, 무제한으로 전능한 신과, 그에 의해 무로부터 창조된 세계의 피조물 개념은 근동으로부터 서양에 제공된 것이다. 그 구원방법론은 자기 신격화 및 - 최소한 단어의 본래 의미에서, 피조물의 신성모독적 신격화로 간주하여 - 진정한 신비주의적 신의

소유로 가는, 최종적으로 범신론적 결과로 가는 길을 차단하였다. 이러한 것들은 늘 이단으로 취급되었다. 모든 구원은 늘 다시 궁극적으로 어떤 능동적인 행위를 통해서 수행되고, 보증되는, 신 앞에서의 윤리적 '칭의'의 특성을 취했다. (신비주의자들의 토론장에서) 신비주의적 구원소유의 참된 신적인 성질을 '증명'하는 것은, 인도의 신비주의라면 피할, 신비주의 자체에 패러독스와 긴장, 신과의 궁극적인 간격 없음의 배제 등을 가져오는, 이 길을 통해서만 가능하다. 서양의 신비주의자들에게 세계는 하나의 '작품'이며, '창조'된 것이며, 아시아의 것처럼, 그 질서에 있어서조차도 영원한 것으로 제시되지는 않는다. 그래서 서양에서 신비적 구원은, 유일한 참된 '존재'로서의 최고로 지혜로운 '질서'와의 쉼 없는 절대적 합일의 의식 속에서 발견되는 것도, 다른 한편으로, 일찍이 동양에서처럼, 절대적 도피가 가능한 대상의 의미에서의 신적 섭리에 의한 작품도 아니다.

2. 이러한 대립적 성격은 경험적 세계의 '유의미성'을 절대 포기하지 않는 아시아적 구원종교의 순수한 지성적 특성과 관련된다. 인도인에게 카르마 연쇄의 최종적 결과에 대한 '통찰'은 '지성'과 행위의 통일과 깨우침을 향한 길로 인도한다. 이러한 길은, 완전한 신에 의한, 불완전한, 확정된 세계의 '창조'라는 절대적 역설 앞에 서 있는, 또한 이 사실의 지적인 극복이 신을 향해서가 아니라, 신에게서 멀어지게 하는 그러한 종교성에는 영원히 차단되어 있다. 실제로 볼 때, 서양에서는 순수하게 철학적인 기초를 가진 신비주의만이 아시아적 형태에 가장 근접해 있다.

3. 실제적인 측면에서 고려할 때, - 아직 그 근거를 논의하지는

않았지만 - 로마적인 서양만이 그 전체 영토에서 하나의 합리적인 법률을 발전, 유지하였다. 신에 대한 관계는 독특하게 법적으로 정의할 수 있는 주종관계가 되었고, 구원의 문제는 일종의 법적 절차를 통해 결정되었다. 이러한 사고는 캔터베리의 안셀름에게서 더욱 특징적으로 발전한다. 그 자신이 카르마의 인과율에 의해 규정되는 영원한 세계의 위가 아닌, 그 안에 서 있는 비인격적 신적인 힘 혹은 신, 혹은 도, 혹은 중국 황제의 천상의 조상신, 그리고 특히 아시아적 민속 신들은 그와 같은 형태의 구원방법론을 결코 만들어낼 수 없었다. 이들에게서 최고의 경건 형식은 늘 범신론적으로, 그 실제적인 동력은 명상적으로 전환되었다.

4. 한편 로마적이고, 다른 한편으로는 유대적인 기원을 가진 것이 또 다른 측면에서 구원방법론의 합리적 특성이 되었다. 디오니소스적 광란 제의에 대한 도시 귀족들의 의구심에도 불구하고, 그리스인들은 무절제를 신적인 광란으로, 특히 리듬과 음악이 매개하는 것과 같은 쾌감의 완화된 형태를 특정 신이 인간 속에 내재하는 것으로 평가했다. 특별히 그리스의 지배 계층은 어릴 때부터 이러한 완화된 형태의 황홀경을 통해 활기를 얻었다. 중무장보병 훈련이 지배적으로 된 이후 그리스에는, 로마의 관료 귀족과 같은 사회적 특권층은 결여되어 있었다. 그 관계는 모든 면에서 소규모적이고, 덜 봉건적이었다. 그에 반하여, 점차로 커 가는 기반 위에 서 있던, 결국 여러 도시와 농촌들을 단일 가족의 피호제(Klientel)[12])로 갖는 합리적 관료 귀족이었던 로마 귀족들은, 춤과 같은 황홀경에

---

12) 모든 시민이 보호자(patronus)와 피보호자(cliens)의 관계로 묶여 있던 고대 로마 특유의 쌍무적 사회구조.

상응하는 개념의 전문 용어인 '미신'(superstitio)을 고귀한 자의 특징적인 위엄을 손상하는, 부적절한 것으로서 거부하였다. 제의적 춤은 고대의 사제단에서만, 본래 원무(圓舞)의 의미에서는 아르발 형제단(fratres arvales)[13]에서만 발견되며, 이는 독특한 방식으로 공동체를 벗어나 폐쇄된 범위 내에서만 행하여졌다. 더욱이 로마인들에게 춤은, 음악과 함께 - 로마인들은 음악 분야에서 매우 비생산적이었다 -, 스파르타 훈련장의 체육관에서 행해진 나체의 격투처럼, 부적절한 것으로 여겨졌다. 원로원은 디오니소스적 광란 제의를 금지했다. 세계 지배적 로마의 군사적 관료 귀족들이 온갖 종류의 황홀경에 대해 취한 거부는, 그들이 온갖 개인적 구원방법론에 대해 집착한 것과 마찬가지로 - 이러한 성향은 모든 구원방법론에 엄격하게 적대적이었던 유교적 관료들에게서도 나타난다 -, 철저하게 정치적이고, 실용적으로 이용된, 엄격한 객관적 합리주의의 근원 중 하나였다. 서양의 기독교공동체가 발전하면서, 이를 본래의 로마적 토양에서 나타난 모든 종교성의 확고한 특징으로서 발견하고, 특히 로마 교회가 이를 잘 인식하여, 이어받게 된다. 카리스마적 예언부터 시작하여, 위대한 교회음악의 갱신까지 로마 교회는 결코 비합리적 요소를 종교성 혹은 문화의 고유한 주도적 힘으로 받아들이지 않는다. 그들은 '성령'과 관련한 모든 종류의 표현에서도, 신학적 사유와 자료들에 나타난 인상에 따르면, 그리스적 동양이나 고린도의 교회보다 훨씬 더 빈약했다. 그런데도, 혹은 그 때문에 교회에 있어 로마 제국의 중요한 유산인 그 실제적인 냉정한 합

---

13) '들판의 형제단'이란 뜻으로 12명으로 구성되며, 매년 가정의 수호신 Lares와 풍년을 약속해 주는 신들에게 희생제를 올림.

리주의는 도처에서 신앙의 교리적, 윤리적 체계화에 중요한 기여를 하였다. 서양에서의 구원방법론의 발전 또한 이에 상응하였다. 고대 베네딕트회 규칙의 금욕적 요구, 마찬가지로 클루니적 개혁도, 인도나 고대 동양의 기준에서 보면 매우 약화한 것으로, 고귀한 신분 출신의 수련 수사에 맞게 재단된 것이었다. 그러나, 다른 한편 서양에서는 본질적인 특징으로서, 노동이 위생적이며 금욕적인 수단으로 강조되었고, 방법론적으로 합리적인 소박함을 장려한 시스테르시안의 규칙에서는 그 의미가 더욱 강화되었다. 탁발수도회는 인도와는 다르게, 성립 이후 곧 위계적인 복무가 강제되었고, 서양에서 객관적인 '경영'으로 발전한 체계적인 구제, 혹은 설교와 이단 재판이라는 합리적인 목적에 봉사하였다. 최종적으로 제수이트 종단은 고대 금욕의 비위생적인 요소들을 완전히 제거하고, 교회 목적에 가장 합리적인 훈련 집단이 되었다. 이러한 발전은 다음의 내용과 분명하게 연결된다.

5. 교회는 이제 인격적인 초월신 곁에 엄청난 권력과 적극적인 삶의 규제 능력을 지닌 세계내적 지배자가 있는, 수도사적 수뇌부와 신앙심에 대한 중앙적 통제능력을 지닌 통일적인 합리적 조직이다. 이러한 모습은 동아시아적 종교에서는 역사적 및 종교성과 관련된 이유에서 결여되어 있다. 엄격하게 조직된 라마교는, 후에 논의할 것과 같이, 관료적 조직의 엄격함을 갖지는 않는다. 아시아적 위계에서, 도교적 혹은 다른 중국 및 인도 종파의 세습수장은 늘 어느 정도는 비의전수자, 어느 정도는 인간 중심적 숭배의 대상, 어느 정도는 달라이 라마나 타시 라마와 같은 주술적 성격의 순수한 수도사 종교의 수장이다. 세상 밖 수도사의 금욕은, 이들이 합리적인 직

책 관료제의 훈련받지 않은 병력으로 존재하는 서양에서만, 적극적인 합리적 삶의 태도의 방법론으로 점차 체계화된다. 나아가 서양만이, 금욕적 개신교 안에서 합리적 금욕이 세상 속의 삶으로 이월되는 것을 목격하였다. 이슬람의 세계내적 데르비쉬 종단은 상이한, 결국에는 인도-페르시아적인 광란의 영적이며 명상적인, 본질에서 여기 사용된 의미에서는 금욕적이 아닌, 수피의 신비적 구원추구를 지향하는 구원방법론을 양성하였다. 인도인들은 보스니아에 이르기까지 데르비쉬 광란 의식에 주도적으로 참여하곤 하였다. 데르비쉬적 금욕은 금욕적 개신교와 같은 종교적인 '소명/직업윤리'가 아니다. 그들의 종교적 성취는 세상의 소명/직업의 요구와 아무런, 기껏해야 표피적인 구원방법론적 관련성을 가질 뿐이다. 이들의 구원방법론이 직업 생활에 간접적으로 영향을 미칠 수는 있다. 아주 경건한 데르비쉬들은 같은 상황에서라면 비종교인보다 신뢰할 수 있고, 경건한 파르시 교도처럼[14] 엄격한 진실의 계명으로 인해 상인으로서 번영하였다. 그러나 세계내적 금욕과 종교적 구원의 확실성 사이의 원칙적이고 체계적인 분리할 수 없는 통일성은 전 세계에서 오직 금욕적 개신교의 직업윤리에서만 나타난다. 세상은 피조물적 타락으로만 존재하고, 초월적 신의 의지에 따르는 합리적 행위를 통한 의무의 이행 대상으로서만 종교적인 의미를 지닌다. 절제하며 합리적인, 세상 것에만 몰두하지 않는 행위의 목적특성과 그 성공이 신의 축복을 누리는 징표이다. 수도사와 같은 독신적 금욕이 아닌 모든 성적 '욕망'의 차단, 가난이 아닌 모든 이익 추구적 향유와 봉건

---

14) 조로아스터교의 일파. 8세기경 페르시아 지역이 이슬람에 의해 정복되면서 인도로 이주한 이들에 의해 발전.

적인 삶을 즐기는 부의 과시에 대한 단절, 수도원의 금욕적 고행이
아닌 깨어 있는 합리성이 지배하는 삶의 태도와 세상의 아름다움,
예술 혹은 본래의 정서 및 감정에 대한 모든 탐닉의 포기 등이 요구
되는 사항이며, 이를 위한 생활 태도의 훈련과 방법론이 주요한 목
표가 된다. '직업/소명의 인간'은 이의 전형적인 대표자이며, 사회적
관계의 합리적 객관화와 조직화가 세계의 다른 온갖 종교성과 대조
적인 서양의 세계내적 금욕의 특징적인 결과가 된다.

2

나아가 구원은 이러한 목적에 불충분한 것으로 여겨지는 자신의
행위가 아니라, 은총을 입은 영웅이나 성육신한 신에 의해 이루어
진 업적에 의해 완성되고, 그 추종자들은 저절로(ex opere operate)
혜택을 얻게 된다. 이는 직접적인 주술적 은총의 작용, 혹은 인간적
이거나 신적인 구원자 은총의 업적을 통하여 획득된 은총의 잉여로
서 제공된다.

이러한 종류의 구원을 위하여, 구원론적 신화, 특히 투쟁하거나
고난받는, 인간이 되거나 이 땅에 강림한, 혹은 죽음의 왕국에 내려
간 신에 대한 신화의 발전이 여러 형태로 이루어진다. 자연신, 특히
다른 자연적 힘들, 어둠과 추위와 싸워 승리하여 봄을 가져오는 태
양신 대신, (그리스도와 같이) 악령들의 힘으로부터, 점성술적인 운
명의 결정 아래 있는 속박으로부터(영지주의의 7 집정관)[15], 혹은

---

15) 영지주의 계통의 종교에 나타나는 악의 화신으로, 7개 행성과 관련되며, 영이 물질계를 떠나
는 것을 방해한다.

숨겨진 은총의 신과의 협약 가운데서 그 안배에 따라 열등한 창조자(데미우르고스나 여호와[16])를 통해 타락한 세계로부터, 혹은 세계의 완고한 냉담함과 행위적 의로부터(예수), 율법이 요구하는 성취될 수 없는 책무를 아는 데서 발생한 죄의식의 압박으로부터(바울, 약간은 달리 아우구스티누스와 루터), 본래 죄 속성의 심연의 타락으로부터(아우구스티누스) 인간을 선한 신의 은총과 사랑의 안전한 보호로 이끄는 구원자가 구원신화의 토양 위에 나타난다. 구원의 속성에 따라, 구원자는 용, 악령 등과 싸우며, 그가 당장에 그들과 맞설 수 없는 상황에서는(그는 종종 순진무구한 아이이다) 숨겨진 채 자라나거나, 대적들에 의해 살육되어 죽음의 왕국으로 내려가지만, 다시 승리하여 부활하게 된다. 그로부터 구원자의 죽음은, 죄로 인해 악마가 인간의 영혼에 대하여 획득한 권리에 대한 배상금이라는 생각이 발전한다(고대 기독교). 혹은 거꾸로 그의 죽음은 신의 분노를 달래는 수단이며, 여기서 그는 그리스도나 무함마드 혹은 다른 예언자나 구원자와 같이 중재자이다. 그는 또한, 주술 종교의 옛 구원자처럼 불, 기술, 혹은 문자에 대한 금지된 지식, 때로는 세상 속에 혹은 천상으로 가는 길에 존재하는 악령을 극복하는 방법에 대한 지식(영지주의)을 인간에게 가져다준다. 혹은 그의 결정적인 업적은 결국 구체적인 투쟁이나 고난에 있는 것이 아니라, 전체 과정의 궁극적인 형이상학적 뿌리, 신과 모든 피조물의 간극을 메워주는 유일한 수단으로서 신의 순수한 인간 됨(아타나시우스의 그리스적 구원 사유의 결론)에 있다. 신의 인간 됨은 인간

---

16) 데미우르고스는 본래 플라톤이 언급한 세계의 창조자였으나, 이후 영지주의 계통에서는 열등한 물질적 세계를 창조한 하위의 신으로 인식됨. 영지주의는 유대교의 여호와를 이와 동일시함.

에게 신의 본질적 부분을 제공하고, 인간이 신이 될 가능성을 부여한다. 이는 이미 이레니우스에게서 나타난 바 있으며, 아타나시우스 이후의 "그가 인간 됨을 통하여 인간의 본질(플라톤적 이데아)을 떠맡았다"라는 철학적 양식은 '호모우시오스'(*ομοούσιος*)[17]의 형이상학적 의미를 드러낸다. 혹은 인간 됨의 1회성 행위에 만족하지 못하고, 아시아적 사유에서 철저하게 확립된 바와 같은 세계의 영원성으로 인하여, 신은 간격을 두고, 또는 계속해서 새롭게 성육신한다. 대승불교에서 이는 보살의 이상으로 그려진다(이러한 관련은 이미, 지상에서의 그의 가르침의 시간적 한계에 대한 믿음을 드러내는 듯한 부처 자신의 간헐적 언급에서 나타난다). 보살은 경우에 따라 부처보다도 높은 이상으로 제시되기도 하는데, 이는 그가 인간에 봉사하는 보편적 목적을 위해, 모범적인 의미만 있는 자신이 열반에 드는 것을 포기하였기 때문이다. 여기서도 구원자는 자신을 '희생'한다. 그러나 당시 예수 제의의 구원자가, 육체를 지닌, 죽음에서 부활한 사건이 제자들에 의해 개인적으로 목격된 인간이라는 것 때문에, 다른 경쟁하는 구원론적 제의들의 구원자들을 능가한 것처럼, 지속적인, 살아있는 육체를 지닌 신의 성육신을 드러내는 달라이 라마의 모습은 모든 성육신적 구원론의 논리적 종결 고리가 된다. 아울러 신적인 은총의 제공자가 성육신하여 살아있을 때는, 또한 그가 지상에 더 이상 머무르지 않을 때는 한층 더, 그 은총의 부여에 개인적으로 참여할 수 있도록 대다수 성도가 감지할 수 있는 매개가 필요하다. 이러한 매개는 종교성의 성격을 결정하는 요소이지만, 그 모습은 서로 상이하다.

---

17) 성부와 성자의 '동일본질'을 의미하며, 니케아 공의회의 주요 결정 내용.

인간이, 신적인 본질이나 강력한 정신이 성육신한 신성한 토템 동물, 혹은 주술을 통해 신적인 육체로 변화된 성체의 물리적인 향유를 통하여 스스로 신적인 힘을 융합하거나, 특정한 신비 의식을 통하여 그 본질에 직접 참여, 혹은 악한 힘으로부터 자유로워질 수 있다(성사의 은총)는 생각은 본질에서 주술적이다. 은총의 선물을 획득하는 것은 주술적 또는 의식적인 방식을 취할 수 있고, 구원자나 성육신한 살아있는 신 이외의 인간 사제나 비의전수자를 필요로 한다. 나아가 은총 부여의 성격은, 이러한 인간과 구원자 사이의 매개자에게 카리스마적 은총을 부여할 자격에 대한 증명을 요구하는지에 상당 부분 의존한다. 이러한 은총을 누릴 수 없는 자들, 예를 들어 은총을 매개할 수 없는 죽음의 죄 가운데 살아가는 사제는, 더는 유효한 성사를 베풀 수 없다. 이러한 엄격한 결론(*카리스마적 은총 부여*)은 몬타누스파, 도나투스파,[18] 그리고 교회의 예언-카리스마적 지배조직의 토양 위에 서 있던 모든 고대의 신앙공동체에서 유지되었다. '직분'에 의한 제도적, 외적 신뢰를 지닌 주교가 아닌, 예언이나 다른 영의 증거를 통해 믿을 만한 자들만이, 최소한 죽음의 죄의 타락에 있는 은총을 추구하는 자들에게, 효과적인 은총을 베풀 수 있었다. 하지만 이러한 경우를 제외하면, 우리는 이미, 구원은 신적인 혹은 예언적인 기초를 통해 신뢰할 수 있게 된 제도적 공동체가 지속해서 베푸는 은총을 통해서 이루어진다는, *제도적 은총*이라는 다른 이해의 바탕 위에 서게 된다. 이는 순수한 주술적 성사를 통해 직접, 혹은 직분자나 성도의 잉여적인, 은총을 일으키

---

18) 카르타고의 성직자 도나투스의 가르침을 따라, 세례와 서임 같은 성사의 효용성을 부정하는 대신 은둔적 수도생활을 통해 완벽한 기독교도의 삶을 추구한 4세기경의 이단 종파.

는 업적의 보고(寶庫)를 위임받아 이용함으로써 작용할 수 있다. 결과적인 실행에서는 항상 3개의 명제가 유효하다: 1. 교회 밖에 구원은 없다. 은총의 기관에 소속됨을 통해서만 은총을 받을 수 있다. 2. 사제의 개인적인 카리스마적 자격이 아닌 제도적으로 부여된 직분이 은총 부여의 효력에 결정적이다. 3. 구원을 필요로 하는 자의 개인적, 종교적 자격은 직분의 은총 부여 능력에 대해 기본적으로 동일하다. 구원은 보편적이며, 종교적 대가에게만 접근 가능한 것은 아니다. 종교적 대가도, 제도적 은총을 신뢰하는 대신 자신의 특별한 방법으로 신에게 이르고자 하면, 그 구원의 기회와 종교성의 진정성은 쉽게, 그리고 필연적으로 위험해진다. 베풀어진 제도적 은총에 나아가는 것만으로 구원에 충분하다는 것을 충족시키는 한, 신이 요구하는 것은 원칙적으로 모든 사람에게 가능하다. 요구되는 개인적 윤리적 성취의 수준은 평균 자격에 따르는, 즉 상당히 낮은 것으로 파악될 수 있다. 더 많은 것을 이룬 사람, 대가는 이를 통하여 자신의 구원 외에 기관의 보고(寶庫)를 위한 공적을 이룰 수 있고, 이로부터 기관은 이 공적을 필요한 사람들에게 베풀 수 있다. 이것이, 은총의 기관으로서의 특성을 지속시키고, 수백 년간의 발전과정을 거쳐, 최종적으로 그레고리오 1세[19] 이후에 확정된 - 실제로는 좀 더 주술적인 이해와 좀 더 윤리적 - 구원론적 이해 사이에서 동요하였지만 - *가톨릭*교회의 특징적인 관점이다. 그러나 삶의 태도에 영향을 미친 방식은, 은총 매개의 증명이 카리스마적 은총 부여와 제도적 은총 부여 중 어느 쪽과 연결되는가에 의존한다. 그 관계는 의식주의에서도 비슷한데, 의식주의는 성사의 은총 및

---

19) 590년에 교황에 선출되었고, 604년에 선종.

제도적 은총과 밀접한 선택 친화성을 보인다. 개인을 통한 온갖 종류의 고유한 은총의 부여는, 카리스마적이든 혹은 직분적으로 정당화되든 동일한 방향으로, 종교성에 그 윤리적 요구들을 약화하는 특성을 부가한다는 것도 상황에 따라서는 중요한 점이다. 이는 늘 구원을 필요로 하는 자들의 내적인 *해방*을 의미하며, 또한 그들에게 죄과의 청산을 가볍게 해 주고, 동일한 형편이라면 윤리적으로 체계화된 고유한 삶의 방법론을 발전시킬 필요를 줄여준다. 죄를 지은 자들은 가끔의 종교적 행위를 통해 모든 죄로부터 또다시 면죄를 받을 수 있음을 알기 때문이다. 무엇보다도 죄는, 보상 혹은 회개와 같은 개별적 행위 반대편에 서 있는, 또 다른 개별적 행위에 머무른다. 금욕, 명상 혹은 항상 깨어 있는 자기통제와 검증을 통해 늘 새롭게 확인되는 개인의 총체적인 습속이 아니라, 개별적인 구체적 행동이 평가된다. 그리하여 구원의 확실성을 자신의 힘으로 성취할 필요는 사라지고, 이처럼 윤리적으로 작용하는 전체 범주의 의미는 약화한다. 상황에 따라 매우 강력하게 작용하는, 은총 부여자(고해신부, 영혼의 감독자)에 의한 생활 태도의 항시적 통제는, 늘 새롭게 은총이 부여되는 상황으로 인해 종종 과잉보상된다. 특히 죄의 용서와 결합한 고백 기관은 그 실제적 영향에서, 그 조작에 따라 다양하게 기능하는 이중적인 면모를 나타낸다. 전체적으로 일반화된, 덜 특화된 종류의, - 종종 죄를 범한 것에 대한 집단적 자백의 형태를 띠는 - 특히 러시아 교회가 실행하는 것과 같은 죄의 고백은 결코 생활 태도에 지속적인 영향을 미칠 수 없다. 초기 루터교의 고해 방식도 의심할 바 없이 영향력이 덜 하였다. 인도 경전의 죄와 회개의 목록은 제의적 죄와 윤리적 죄에 차이를 두지 않고, 그 속죄를 거의 예외 없이 순수 제의적인(혹은 브라만의 계급적 이익을 통해 고취된) 복종 수행과 연결한다. 일상생활 태도에는 전통주의의 의미에서만 영향이 나타나는데, 힌두교 구루의 성사적 은총은 이러한 영향력을 한층 더 약화한다. 서양의 가톨릭교회는 전 세계에 유례가 없는, 게르만의 법적 배상금 전통과 로마의 법절차를 결합하여 발전시킨 고해 및 회개 체제를 통하여, 서유럽 세계의 기독교화를 비할 데 없는 힘으로 진행했다. 하지만 이러한 제도가 합리적 생활방법에 미치는 영향력은, 불가피하게 느슨해도 위협적인 사면의 실행이 없이는, 한계가 있다. 고해의 영향은, 두 자녀 체제에 대한 경건한 가톨릭교도의 뚜렷한 저항과 같은 예에서 오늘날에도 '숫자상으로' 확인되는데, 마찬가지로 프랑스에서 교회적 힘의 한계도 여기에서 드러난다. 반면, 유대교나 금욕적 개신교는 결코 이러한 인간을 통한 고해와 은총 부여, 그리고 주술적 성사의 은총을 알지 못한다. 다른 측면에서는 두 종교가 서로 강력하게 갈라진다 해도, 이들이 역사적으로 합리적인 윤리적 생활 태도 발전에 상당히 강한 압박을 가한 것은 공통적인 사실이다. 이들 종교에는, 고해 기관과 제도적 은총을 통한 죄로부터의 해방과 같은 가능성은 전혀 없다. 오직 감리교의 소그룹 모임(Zwölferversammlungen)에서 행하는 죄의 고백만이 - 매우 다른 의미에서, 또 다른 영향력을 지닌 - 그처럼 작용하는 고해라고 할 수 있다. 물론, 구세군의 반(半) 광란적인 회개 관행은 이로부터 발전한 것이라고 할 수 있다.

제도적 은총은 결국 그 본질상, 주요한 미덕, 그리고 결정적인 구원의 조건으로서 복종과 - 제도적이든, 인도에서 종종 제한 없는 권위를 행사하는 구루처럼 카리스마적 은총 부여자이든 - 권위에의 예속을 발전시키는 경향을 갖는다. 이 경우에 생활 태도는, 안으로부터의, 개인 스스로가 성취한 중심으로부터의 체계화가 아니라, 외부에 놓인 중심으로부터 제공된다. 그것은 삶의 태도 자체의 내용을 윤리적으로 체계화하는 압박을 하지 못하고, 오히려 반대로 작용한다. 외부적 권위는, 태도 윤리와는 다른 작용이지만, 변화하는 외부 조건에 대한 탄력성 증가를 통해 구체적인 구원 명령에의 적응을 실제로 용이하게 한다. 예를 들어, 19세기 가톨릭교회에서 이자의 금지는 성경적이며, 교황의 교령을 통해 확정된 영원한 효력에도 불구하고, 실제로는 힘을 갖지 못했다. 이는 (불가능한) 공개적인 폐지의 형태가 아니라, 이후 이자 금지의 위반은 더 이상 고해석에서 탐문하고, 면죄를 승인할 필요가 없다는, 교황청이 고해신부에게 내린 눈에 띄지 않는 내부적 지침을 통해 이루어졌다. 이에는 교황청이 다시 이전의 원칙으로 돌아간다면, 고해자는 이러한 결정을 순종 가운데 받아들일 것이라는 확신이 *전제된다.* 프랑스에서는 잠시 성직자들이 두 자녀 체제에 대해 유사한 태도를 요구하기도 하였다. 구체적인 내용의 윤리적 의무가 아닌, 스스로 방법론적으로 성취한 윤리적 대가의 자격도 아닌, 제도에 대한 그와 같이 순수한 복종이 최종적인 종교적 가치를 갖는다. 공식적인 복종의 겸손함은, 제도적 은총의 철저한 실행에서 생활 태도를 통일적으로 포괄하는 유일한 - 경건한 자들의 '겸비함'(Gebrochenheit)을 통해 신비주의와의 작용에서 전용된 - 원칙이다. 가톨릭교도의 자유는 교황에게 순종함에 있다는 말린크로트(H. von Mallinckrodt)[20]의 언급은 이러한 관점에서 보편적인 타당성을 지닌다.

---

20) 독일의 정치가(1821-74). 독일 가톨릭 정치 세력의 중심이었던 독일중심당(Deutsche Zentrumspartei) 초기의 주도적 인물.

혹은, 구원이 믿음과 연결되기도 한다. 믿음의 개념이 실용적 규범에의 복종과 동일시되지 않는 한, 이는 늘 어떠한 형이상학적 사실의 진실로 여김, 또한 그러한 인정을 소속됨의 본질적인 특질로 여기는 '교리'의 발전을 전제한다. 그러나, 우리가 살펴본 바처럼, 개개의 종교 안에서도 교리발전의 정도는 매우 상이하다. '교의'(Lehre)의 정도는 순수 주술에 대해 예언과 사제적 종교성을 구별하는 특징이다. 당연히 모든 주술은 주술사의 마법적 힘에 대한 믿음을 요구한다. 먼저 그 자신과 그의 능력에 대한 고유한 믿음을 요구하는데, 이는 모든 종교에, 초기 기독교적 종교성에도 해당한다. 제자들이 그 고유한 힘을 의심하였기에, 귀신들린 자가 치유되지 못했다고 예수는 가르쳤다. 그에 반하여 기적을 행하는 그의 능력을 완전히 신뢰하는 자는, 그 믿음으로 산을 옮길 수도 있다. 그러나 다른 한편, 주술은 - 오늘날까지도 - 기적을 요구하는 자의 믿음도 필요로 한다. 그의 고향에서, 때로는 다른 도시에서도, 예수는 기적을 행할 수 없었고, '그 불신앙에 놀랐다'. 귀신들린 자와 불구자들이 그와 그의 힘을 믿었기 때문에, 그들을 구원할 수 있었다고 그는 반복적으로 밝혔다. 이는 한편으로는 윤리적인 방향으로 승화되기도 하였다. 간음한 여인은 그의 죄 사함의 능력을 믿었기에, 그녀의 죄를 용서받을 수 있었다. 그러나 다른 한편 - 여기서 우선으로 중요한 - 진실로 여기는 것에 대한 믿음은 지적인 확신의 산물인, 지적으로 이해된 명제들로 발전된다. 그 때문에 교리를 전혀 알지 못하는 유교는 결코 구원윤리가 될 수 없다. 고대 이슬람과 유대교는 자신의 교리적 요구를 수립하지 않고, 단지 소박한 형태의 종교처럼, '유일'신의 힘(그리고 또한 존재)과 그 예언자의 사명에 대한 믿음만을 요구한다. 그러나 이들은 경전 종교이기에, 늘 경전을 영감에 의한 것으로 - 나아가 이슬람에서는 경전을 신이 만든 것으로 -, 또한 그 내용을 진실한 것으로 간주해야 한다. 우주 창조, 신화, 역사적 이야기들 외에, 율법과 예언, 그리고 코란은 본질에서 실제적인 계명들을 포함하며, 그 자체로는 특정한 종류의 지적 통찰을 요구하지 않는다. 단지 비예언적 종교만이 믿음을 신성한 지식으로서 인식한다. 그들에게는 사제직도, 주술사처럼, 신비적인 우주 창조 지식의 수호자이며, 동시에 신성한 가인(歌人)으로서 영웅서사시의 수호자이다. 베다와 유교적 윤리는 윤리적으로 완전한 자격을 - 광범위하게 기억할 만한 지식과 동일시되는 - 학파로 전승되는 문헌 교육과 연결한다. 지적인 '이해'의 요구는 이미 철학적 혹은 영지주의적 구원형태로 넘어가고 있는 것으로 볼 수 있다. 그러나 이와 함께 지적으로 충분한 자격자와 그렇지 못한 대중 사이에 심각한 간극이 만들어진다. 고유한 공식적인 '교리학'은 아직 존재하지 않고, 단지 다소간에 - 힌두교의 정통 베단타나, 이단적 상키야와 같은 - 정통으로 간주하는 철학적 입장은 존재한다. 그에 반하여 그리스도 교회는 지성주의의 증가하는 압박과 논쟁을 통하여, 유례가 없는 공식적인 구속력을 지닌 합리적 교리와 신학을 발전시켰다. 이러한 교리에 대한 보편적 지식, 이해, 믿음의 요구는 실제적으로는 실천 불가능한 것이다. 오늘날, 소시민(이 지배적인)공동체가 로마서의 복잡한 내용을 - 이것이 정말 이루어져야만 하는 것처럼 - 실제로 완벽하게 지성적으로 터득하리라고 생각하기는 어렵다. 결국 로마서는 구원의 조건에 대한 사고에 익숙한, 또한 유대적이거나 그리스적인 결의론에 익숙한 도시 개종자 계층에 유통되는 구원론적 표상을 가지고 작업한 결과물이다. 다른 한편으로, 소시민계층이 16-17세기에 이미 도르트레히트와 웨스트민스터 주교회의 교리와 매우 복잡한 개혁교회의 화해양식을 지적으로 터득한 것도 알려진 사실이다. 하지만 정상적인 관계에서라면, 공동체 종교 안에서의 그와 같은 지적 터득에 대한 요구는, 영지주의나 유사한 인도의 지적 종교에서와 같이 구원에 대한 철학적 지식을 소유(영지주의자)하지 못한 모든 이들을('물질주의자'(Hyliker)와 신비적으로 계몽되지 못한 '정신주의자'(Physiker))21) 배제하거나, 무지한 신앙인(Pistiker)들을 은총의 축복에서 최소한도로 제한하는 결과 없이는 달성될 수 없다. 고대 기독교에서는, 1세기 전체에 걸쳐서 더 나은, 혹은 유일한 구원을 보증하는 성질이 신학적 '영지'인지, 소박한 '신앙'(Pistis)인지에 대한 논쟁을, 공개적으로 혹은 수면 밑에서, 진행하였다. 이슬람에서는 무타질리파가, 관용적 의미에서의 '믿는 자', 교리적 학파에 속하지 않은 백성들은 본래 신앙공동체에 속할 수 없다는 이론을 대변하였다. 신학적 지식인, 종교적 인식의 지적 대가와 비지식인의 경건성, 또한 특별히 '죽은 지식'은 구원의 자격을 주지 못하는 것으로 여기는 금욕 및 명상의 대가종교성과의 관계는, 종교성을 결정적으로 특징짓는 요소이다.

복음서 자체에서 이미, 예수 선포의 비유적 형태는 의도적인 비밀형식으로서 나타난다. 이러한 지적인 귀족주의의 결과가 나타나지 않으려면, 믿음은 신학적 교리체계의 실제적 이해나 확증과는 다른 어떤 것이어야 한다. 사실 모든 예언적 종교가 공동체 종교가 되면서, 처음부터, 혹은 교리의 교육과 함께 점차 이러한 경향이 형

---

21) 영지주의는 인간을 영지주의자, 정신주의자, 물질주의자의 3개 유형으로 구분.

성된다. 금욕적 혹은 - 그리고 특히 - 신비적 대가의 입장만 제외한다면, 교리의 수용이 부적절한 것은 아니다. 그러나 기독교에서 '명시적 신앙'(fides explicita)이라고 전문적으로 일컫는 교리에 대한 개인의 명시적 인정은, 다른 교리에 대해 절대적으로 본질적인 것으로 간주하는 특정한 '신앙항목'에 대해서만 요구된다. 그 밖의 교리들에서는 요구되는 정도가 매우 다르다. 이러한 점에서 개신교가 '이신칭의'에 근거하여 설정한 요구 수준은, 특별히 (이들만은 아니어도) 성서를 신의 법률의 법전화로 보는 금욕적 개신교의 경우, 매우 높다. 유대적 양식을 따르는 보편적 국민교육의 제정, 특히 종파의 후속세대에 대한 집중적 교육은 본질에서 이러한 종교적 요구 덕분이다. 19세기 중반에도 네덜란드인, 또한 (영국의 다른 국민교육상황과는 대조적인) 앵글로색슨의 경건주의나 감리교도들이 지닌 '성서적 확고함'은 외부인들에게 놀라움을 불러일으켰다. 여기에서 성서의 교리적 분명함에 대한 확신은 신앙에 대한 인식을 광범위하게 요구하는 근거가 되었다. 반면, 교리적으로 풍성한 가톨릭교회는, 많은 교리들에 대한 묵시적 신앙(fides implicita)만을, 자신의 모든 신념을 - 교회가 이를 광범위하게 행하여 왔고, 지금도 행하고 있는 것처럼 - 개별 사례에서 기준이 되는 믿음의 권위 아래 복종할 전반적 준비만을 요구한다. 그러나 묵시적 신앙은 사실 더 이상 교리에 대한 개인적인 인정은 아니며, 예언자 혹은 제도적으로 정비된 권위에 대한 신뢰와 헌신의 선언이다. 그와 함께 종교적 믿음은 그 지적인 성격을 상실한다. 종교성이 주로 합리적, 윤리적인 한, 지적인 성격은 부차적이다. 특히 아우구스티누스가 강조한 바와 같이, 단순한 인식의 확인만으로도 신앙의 최저단계로서의 '태도 윤리'에는 충분하기 때문이다. 신앙도 하나의 태도적 성질이 되어야 한다. 특정한 신에 대한 개인적 애착은 '앎' 이상의 것이고, 그 때문에 '믿음'으로 표명된다. 이는 신약이나, 구약이나 마찬가지이다. 아브라함이 '의롭게 여김을 받은' '믿음'은 결코 지적인 교리의 동의가 아니며, 신의 *약속*들에 대한 신뢰이다. 예수와 바울에서 중심적 의미를 지닌 믿음도 이와 동일한 의미를 갖는다. 지식과 교리적 앎은 훨씬 뒤로 물러선다. 제도적으로 조직화한 교회에서, 실제로, 명시적 신앙의 요구는 교리적으로 훈련된 사제, 설교자, 신학자들에게 한정된다. 모든 신학 체계적 종교성은 *교리적*으로 훈련된 자와 아는 자들을 그 중심에 두는 이러한 귀족주의를 성립하게 한다. 하지만, 이들을 종교의 실제적 수행자로 삼는 요구는 그 정도와 성과에 있어 다양하다. 오늘날에도 아직 존재하는, 성직자들이 평범한 인간들보다는 더욱 잘 이해하고, 더 잘 믿을 수 있음을 보여야 한다는 평신도들의 통속적인 생각 - 특히 농부들에게 퍼져 있는 개념 - 은, '계급적' 자격이 - 정치적, 군사적, 교회적 그리고 모든 사적 관료주의에서 제시되는 - '교육'을 통해 드러난다는 사고형식의 하나일 뿐이다. 그에 대한 더욱 소박한 형태는, 언급된 바 있는, - 영혼의 목자들이나 믿음의 영웅들이 지녔던 - 신의 인격적인 섭리에 대한 비상한 *신뢰*라는, 카리스마로서의 믿음이라는 신약 성서적 이해이다. 평범한 인간의 힘을 뛰어넘는, 신의 도움에 대한 신뢰라는 카리스마의 힘으로, 공동체의 대표자들은 신앙의 대가로서 평신도와 실제로 다르게 행동하고, 실제로 다른 일들을 성취한다. 여기서 믿음은 주술적 능력의 일종의 대용품을 제공한다.

그러나, 신에 대해 무제한의 신뢰를 하는 이러한 종교성의 반합리적인 내적 태도는, 때로는 이성적인 실제적 고려에 대한 무우주론적 무관심으로, 또한 자주, 신이 원한다고 여기는 자신의 행위 결과를 오직 신에게만 맡기는, 신의 예견에 대한 무조건적 신뢰로 인도한다. 이는 기독교뿐 아니라, 이슬람과, '지식', 특히 신학적 지식에 강력하게 반대하는 도처에서 나타난다. 이는 거만한 신앙적 대가의 모습일 수도, 혹은 반대로 피조물을 우상화하는 오만함의 위험을 피하려고, 무엇보다 지적인 교만을 죽일 것을 요구하는 무조건적 종교적 헌신과 겸손의 태도일 수도 있다. 이는 특별히 고대 기독교의 예수와 바울에서, 나아가 그리스 철학에 대한 투쟁에서, 그리고 17세기 서유럽과 18-19세기 동유럽의 신비적-영적 종파들이 드러낸 신학혐오에서 주도적인 역할을 하였다. 늘 그랬던 것처럼, 모든 진정한 신앙적 경건성은, 특정 시점에서는 직·간접적으로, '지성의 희생'을 포함한다. 이는 절대적 헌신과 '부조리하지 않기 때문이 아니라, 부조리하기에 믿는다'(credo, non quod, sed quia absurdum est)라는 공식에서 표현되는 깊은 신뢰의 초지성적 태도를 지향한다. 여기서도 초현세적 신을 지닌 종교의 구원 종교성은 신의 숭고함에 비해 자신의 지적 능력이 부족함을 강조한다. 이는, 구원으로 이끄는 명상에 도움이 되지 않기에 내세에 대한 지식을 포기한 불교와는 전적으로 다르다. 또한 이들이 강력하게 싸워야 했던, 그리스의 묘비명, 르네상스 최고의 산물들(예를 들면 셰익스피어), 유럽, 중국, 인도의 철학, 현대의 지성주의와 같은, 모든 시대의 지식인 계층에 공통적인, 세계의 '의미'에 대한 인식의 회의적 포기와도 다르다. 이미 지식인이 아닌, 아이들과 미숙한 자들이 신으로부터 믿음의 카리스마를 받을 것이라는 예수의 언급에서 이미 드러난, '부조리함'

을 믿는 믿음의 승리는, 이러한 종교성과 지성주의 사이의 심각한 긴장을 암시한다. 또한 이와 함께, 이러한 종교성은 지성주의를 늘 그 본래의 목적에 맞게 전용하고자 애쓴다. 이미 고대에 그리스적 사유방식에 점차로 깊이 스며들면서, 또한 중세에는 새로이, 한층 더 강력하게, - 로마 법률가들의 수행 영향 아래 황제의 경쟁력을 위해 만들어진 - *변증법* 교육의 장소로서의 대학 창조를 통하여 이러한 요청이 진행되었다. 믿음의 종교성은 어쨌든 항상 인격적인 신, 중재자, 예언자들을 전제한다. 그리고 어느 시점에서는 이를 위해, 자신의 의와 자신의 지식을 포기한다. 이러한 종교성은 아시아적 종교성에서는 매우 낯선 것이다.

우리가 살펴본 바와 같이, '믿음'은 그 취하는 방향에 따라 상이한 형식을 갖는다. 평화로운 계층의 '구원'을 추구하는 믿음의 종교성은, 야훼종교나 고대 이슬람에서 우세했던, 자신의 신의 폭력적 힘에 대한 전사의 소박한 신뢰가 아니라, 명상적 신비주의와 매우 다양하지만 강력하고 확실한 친화성을 갖는다. 그와 같은 '구원'을 지향하는 구원재는 항상 신적인 것에 대한 '정태적인' 관계, 신비적 합일(unio mystica)을 추구하는 경향을 갖기 때문이다. 믿음의 실제적인 태도적 성격이 체계적으로 전개될수록, 신비주의에서처럼 직접적인 반규범적 결과가 더욱 쉽게 나타날 수 있다. 이미 바울서신은, 예수의 전승된 말들에 나타난 분명한 모순과 마찬가지로, '믿음'에 기인하는 본래 '구원'의 종교성과 특정한 윤리적 요구들을 분명한 관계로 설정하는 것이 어려움을 보여주고 있다. 매우 복잡한 연역 과정에서 바울은 지속해서 그 자신의 입장이 당면한 결과와 싸워야 했다. 바울적인 믿음에 의한 구원의 결과적 실행은 마르시온 주의에서 완벽하게 그 반규범적 결론을 보여줬다. 보통 믿음에 의한 구원은 그에 대한 압력이 많을수록, 예언자들에게서 개인적으로 자연스럽게 나타나는 것과는 달리, 일상의 종교 안에서는 쉽게, 생활 태도의 적극적인 윤리적 합리성의 방향으로 작용하지 못한다. 상황에 따라 이는 개별적으로 그리고 원칙적으로, 직접 반이성적 의미에서 작용한다. 작게는 신실한 루터교인들이 보험계약의 체결을 신의 예견에 대한 불신의 표명으로 보는 것으로부터, 크게는 모든 구원방법론, 온갖 종류의 행위에 의한 의, 특히 믿음의 종교성의 금욕적 수행을 통해 정상적 도덕을 능가하려 하는 것까지, 모두 인간의 힘에 대한 사악한 집착으로 여긴다. 결과적으로, 고대 이슬람에서처럼, 이러한 종교성이 발전한 곳에서는, 초현세적 금욕, 특히 수도사 생활이 거부된다. 루터적 개신교가 행한 바처럼, 그들은 이를 통하여 세계내적 직업/소명의 종교적 가치를 직접 증대시키고, 특히, 신에 대한 개인적 믿음의 관계만을 중요시하여, 사제적 회개와 성사의 은총은 평가 절하함으로써 그 동력을 강화한다. 루터교는 처음부터 원칙적으로 이러한 태도를 보였지만, 고해의 완전한 철폐 이후 그 후대의 발전과정에서, 특히 퀘이커 및 기타 그들이 의식하지 못한 경로를 통해 영향을 받은, 슈페너(P. J. Spener)와 프랑케(A. H. Francke)의 금욕적인 경건주의의 형태에서 이는 한층 강화되었다. 독일어 '직업/소명'(Beruf)은 루터의 성서번역에서 처음으로 유래하였고, 신의 마음에 드는 유일한 삶의 형태로서 세계내적인 직업의 미덕의 가치는 처음부터 루터교회의 철저한 본질이었다. 반면, '업적'(Werke)은 가톨릭에서처럼 영혼 구원의 실제적 근거로도, 금욕적 개신교에서처럼 중생의 인식근거로도 간주하지 않았으며, 또한 신의 선의 및 은총

안에서 자신이 보호받고 있다고 느끼는 감정적 습속이 구원의 확실성에 대한 지배적 형태로 유지되었기에, 세상에 대한 입장도, 구원의 확실성을 위한 선행을 통한 증명(경건주의의 유효한 믿음 (fides efficax), 이슬람 카와리지파의 아말('amal)[22])이나 특별한 방법론적 생활 태도를 요구하는 모든 형태의 개신교, 그리고 금욕적 종파의 대가종교에 확실히 반대하는, 그 질서 안에서 인내하는 '감수함'(Sich-Schicken)에 머물렀다. 루터교는 이러한 사회적, 혹은 정치적으로 혁명적인, 또는 합리적-개혁적인 태도에 대한 동력을 결여하고 있다. 세상 속에서, 그리고 세상에 맞서서 믿음의 구원재가 합리적이고 윤리적인 것으로 변형되지 않도록 보존하는 것은 중요하다. 단지 말씀만 순수하게, 정직하게 선포되면, 기독교인들에게 필요한 모든 것이 자동으로 나타날 것으로 여기고, 그리하여 세상, 그리고 교회 자체의 외적 질서의 형성은 무관심한 일(Adiaphoron)이 된다. 순응적인, 상대적으로 세상에 무관심한, 금욕주의에 비하여 '세상을 향해 열린', 이러한 믿음의 감정적 성격은 물론 점진적 발전의 산물이다. 이러한 믿음의 종교성은 쉽게 반전통적인 합리적 생활 태도의 경향을 만들어 낼 수 없고, 그 자체로부터 세상에 대한 합리적 지배와 변형의 동력을 끌어내지 못한다.

고대 이슬람과 더 오래된 야훼 종교 같은 전사종교가 인지하는 형태의 '믿음'은, 신인동형론적 신들에 대한 관계에서 소박한 형태로 나타나는 것과 같은, 신 혹은 예언자에 대한 단순한 주종관계적 충성을 특징으로 지닌다. 신은 주종관계의 충성을 보상하고, 불충은 징벌한다. 안정된 공동체, 시민 계층의 신봉자들이 구원 종교성

---

22) 믿음은 그 행위를 통하여 분명해진다는 카와리지파의 교리.

의 수행자인 곳에서는, 이러한 신에 대한 개인적인 관계는 또 다른 성질도 갖게 만든다. 이 경우에 믿음은 구원의 수단으로서 그 감정적인 성격을 갖게 되면서, 신과 구원자에 대한 사랑의 방향을 취한다. 이는 이미 포로기 및 그 이후 유대교의 종교성에서, 그리고 초대 교회, 특히 예수와 요한에게서 더욱 강하게 나타난 바이다. 신은 은혜로운 영주나, 가장으로 나타난다. 예수가 선포한 신의 아버지적 성격에서 비셈족적 종교성의 개입을 발견하고자 한다면, 이는 매우 잘못된 것이다. 그리스 신들은 인간을 '낳는데' 반해, (대개의 셈족) 광야주민들의 신은 인간을 '창조하기' 때문이다. 기독교의 신은 인간을 낳는다는 생각은 결코 하지 않으며('낳았지만, 창조하지 않은'(*γεννηθέντα μή ποιηθέντα*)은 인간과 대비되는 삼위일체로 신격화된 그리스도의 특징적인 형용사이다), 초인간적 사랑으로 감싸 안을지라도, 절대 현대적인 상냥한 아빠는 될 수 없다. 그는 유대교의 신과 같은, 대개는 선의를 지닌, 그러나 분노하기도 하는, 엄격한 제왕적 부친이다. 그러나 물론, 믿음의 종교성의 감정적 성질은 (금욕주의적 신의 도구라는 표상 대신) 신의 자녀 됨의 의식을 통해 더 강화될 수 있고, 생활 태도의 통일성은, 윤리적 확증의 의식 대신, 정서적인 내용과 신에 대한 신뢰 가운데 추구되며, 그 실제적인 합리적 성격은 약화한다. 경건주의의 르네상스 이후 '가나안의 언어'에 의한 잡아 찢고, 흐느껴 우는 전형적인 독일 루터교의 설교 어조는 종종 원기 왕성한 남성들을 교회에서 멀어지게 하는, 그런 정서적 요구를 보였다.

신 혹은 구원자에 대한 관계가 열정적인 헌신의 성격을, 또한 믿음이 잠재적 혹은 공공연하게 에로틱한 색채를 띠는 곳에서는, 믿음의 종교성은 일반적으로 생활 태도에 완전히 반합리적으로 작용한다. 이는 다양한 종류의 수피즘적 신의 사랑, 베르나르적 아가서-신비주의, 마리아 및 예수성심 제의(Herz-Jesu-Kult)[23]와 이러한 경향의 다른 헌신의 형태, 루터 경건주의(진젠도르프)의 감정에 탐닉하는 다양한 전개 등에서도 나타난다. 그러나 무엇보다도, 5/6세기 이후 불교의 오만하고도 고귀한 지성적 종교성을 급진적으로 밀어낸 힌두교의 박티(사랑)의 경건성, 대중구원 종교의 통속적 형태, 특히 비슈누교의 구원론적 형태에서 두드러진다. 마하바라타에서 구세주로 신격화된 크리슈나, 특히 크리슈나의 자녀에 대한 헌신은 여기서 4단계의 명상을 통해 하인, 친구, 자녀(부모)의 사랑에서 고피(Gopi)의 사랑(크리슈나에 대한 애인의 사랑)이라는 명시적으로 에로틱한 색채의 헌신에 이르도록 상승한다. 일상에 적대적인 구원 성취 형식 때문에, 늘 구루 혹은 고사인(Gosains)[24]을 통한 일정 정도의 성사적-사제적 은총의 매개가 전제되는 이러한 종교성은, 그 실제적 작용에서 볼 때에, 최하층에서 인기 있는 - 종종 에로틱한 광란 제의를 포함하여, 늘 광란적 종교성에 근접해 있는 - 힌두교 신의 아내에 대한 헌신, 즉 삭티(Sakti) 종교성의 승화된 보완물(Seitenstück)이다. 이는 모든 면에서 순수한 믿음의 종교성의 기독교적 형태인 신의 섭리에 대한 흔들림 없는 지속적인 신뢰로부터 멀리 있다. 에로틱한 색채의 구세주 관계는 본질에서 기술적인 헌신의 실천을 통해 만들어진다. 그에 반해, 기독교적 섭리에 대한 믿음은 의지적으로 고수되어야 하는 카리스마이다.

---

23) 예수의 성심을 인류에 대한 신의 무제한적, 열정적 사랑의 상징으로 보는 널리 행하여지는 가톨릭의 헌신적 제의.

24) 힌두 금욕주의자. '열정의 지배자'라는 의미.

구원은 결국, 인간이 그 결정을 이해할 수 없는, 전지(全知)하기에 변할 수 없는, 인간적 태도를 통해 영향받지 않는, 신의 전적으로 자유로운 헤아릴 수 없는 은총, *예정 은총*의 선물이다. 이는 초월적 창조주를 무조건적으로 전제하며, 모든 고대적, 아시아적 종교성에는 결여되어 있다. 이는 전사적 영웅종교에서 발견되는, 인간이 볼 때는 불합리하지만, 신이 볼 때는 합리적인 질서, 즉 섭리라는 특성을 통해, 신의 능력을 넘어서 세상을 지배하는 운명이라는 표상과도 구분된다. 그에 반하여 예정 은총의 입장은 신의 선의를 벗겨 낸다. 여기서 신은 위엄 있는 완고한 왕이 된다. 개인의 모든 고유한 힘을 신 앞에서 완전히 평가절하하는 것이, 자유로운 은총으로만 구원될 수 있다는 것의 전제이지만, 혹은 바로 그 때문에, 이러한 입장은 운명에 대한 믿음을 공유하며, 고귀함과 완고함이라는 결과를 달성한다. 펠라기우스처럼, 정열이 없는, 진지하게 도덕적인 성질의 사람은 자신의 업적으로 충분하다고 믿을 수도 있다. 예정은 예언자들 중에서 칼뱅이나 무함마드와 같이, 합리적인 종교적 힘의 동력, 개인적인 무흠보다, 세상의 상황과 신의 의지에 기인한 자기 사명의 확실성을 과도하게 고무하거나, 아우구스티누스나 재차 무함마드와 같이, 엄청난 정열을 억제하고, 이는 그들 밖에서, 그들 위에서 지배하는 힘을 통해서만 성공할 수 있다는 감정 속에 살았던, 그러한 인간들의 믿음이다. 힘겨운 죄와의 투쟁 이후 몹시도 흥분된 시기에는 루터도 이를 알았지만, 이는 이후 증대하는 세계순응의 경향과 함께 후퇴한다.

선택된 소수의 구원 귀족에 속하는 것이 확실*하다면*, 예정은 은총을 입은 이들에게 최고의 구원의 확실성을 보증한다. 절대적인 불확실성은 오래 지속될 수 없기에, 각 개인이 이러한 비할 수 없이 중요한 카리스마를 소유하였다는 징후가 있어야만 한다. 신 자신이 그가 기뻐하는 행위에 대한 계명이 계시되는 것을 허용하기에, 다른 종교적 카리스마처럼, 이러한 징후들은 신의 도구로서 그 완성에 함께 참여하는 능력의 결정적 증명으로, - 이 은총은 늘 지니거나 혹은 전혀 지닐 수 없는 것이기에 - 지속해서 방법론적으로 드러난다. 모든 죄인들처럼 피조물인 예정된 자에게도 종종 일어나는 개별적 위반이 아니라, 이러한 위반이 아닌 신이 원하는 행위가 비밀스러운 은총의 관계를 통해 형성된 신에 대한 내적 관계로부터 흘러나온다는 앎이, 또한 중심적이고, 변하지 않는 인격의 성질이 구원과 은총의 지속적 확실성을 부여한다. 그리하여, '논리적'으로 보면 운명주의의 결과일 것 같지만, 운명주의가 아닌 예정의 믿음이 그 철저한 신봉자들에게 신이 원하는 행위에 대한 가장 강력한 동기를 주입하였다. 물론, 예언의 주요한 내용에 따라 이는 상이하게 발전되었다. 세계 지배를 위한 종교전쟁이라는 신앙적 명령 하에 성립된 1세대 이슬람의 신앙전사들이 (전쟁에서) 자신을 망각하는 모습은, 기독교의 도덕법칙 아래 성립한 청교도의 윤리적 엄숙주의, 합법성, 합리적 생활방법론과 마찬가지로, 이러한 믿음의 영향으로부터 결과한다. 종교전쟁에서 얻어진 단련은 이슬람과 크롬웰 기사들의 무적의 힘의 원천이었고, 세상 속의 금욕과 신이 원하는 직업/소명에서 훈련된 구원추구는 청교도가 영리추구에 있어 대가적인 모습을 보인 원천이었다. 신의 주권적 의지 앞에 모든 주술적, 성사적, 제도적 은총 부여의 가치를 급진적, 결정적으로 낮추는 것은 철저하게 실행된 예정 은총이 순수한 형태로 성립하고, 유지된 곳에서 피할 수 없는 결과로서 나타났다. 이러한 견지에서 광범위한 가장 강력한 영향은 청교도에서 나타났다. 이슬람의 예정론은 이중적 심판은 알지 못한다. 이들은 지옥에의 예정을 알라에게 돌리지 않고, 단지 그 은총의 박탈과 - 인간의 불충분성에서의 - 피할 수 없는 과오의 '허락'이라고 말한다. 전사종교의 성격에 걸맞게 이슬람은, '세계통치'의 합리적 요소이며, 또한 개인의 종교적 내세의 운명을 결정하는 요소인, 그리스적 '운명'(moira)을 훨씬 약화한 형태로 지니고 있었다. 내세적이 아니라, 예를 들어(그리고 특히) 전쟁에서 믿음의 전사가 죽을 것인지가 예정을 통하여 결정되는지와 같은 질문, 현세적 비일상적 운명의 표상이 우세하였다. 반면, 개인의 내세적 운명은 알라와 예언자에 대한 믿음만을 통해 이미 충분히 확정된 것으로, - 최소한 고대적 표상에 따르면 - 결코 생활 태도에서의 증명을 필요로 하지 않았다. 이러한 전사적 종교에 일상적 금욕의 합리적 체계는 본래 낯선 것이었다. 이슬람에서의 예정론은 구세주(Mahdi)에 대한 믿음과 같은 신앙적 투쟁 가운데 늘 새롭게 전개되었지만, 청교도와 같은 일상 속의 생활방법론을 만들지는 못하였기에, 이슬람의 '시민화'와 함께 점차 그 힘을 상실하였다. 반면, 청교도에 있어서는 예정이 내세적 운명과 관계하고, '구원의 확실성'(certitudo salutis)을 일상 속 미덕의 증명에 부착시켜, 칼뱅적 종교성의 시민화와 더불어 그 본래의 고유한 입장의 의미가 한층 더 강화되었다. 청교도적 예정신앙은 모든 세속적 정당성과 권위에 대해 회의적이었기 때문에, 권력자들은 대체로 이를 국가에 위험하고, 권위에 적대적인 것으로 여겼다. 하지만, 특별히 '세속적'이라고 비난 받는 우마이야 왕조(Umayyad)가, 본래 부당하게 얻어진 지배가 알라의 예정론적 의지를 통해 정당화될 것이라고 기대하는 예정신앙의 신봉자들이었다는 것은 매우 흥미롭다. 사람들은 이를 통해, 내세적 운명과의 관련 대신, 구체적인 세계진행 과정 결정에의 적용이, 어떻게 예정의 윤리적으로 합리적인 성격을 사라지게 하는지를 볼 수 있다. 그리고 이것이 고대의 소박한 신앙의 투사들에게서 나타난 형태로서 금욕적으로 작용하는 한, 도덕에 특히 외형적이고, 의례적인 요구들을 배치한 이슬람에서 일상에서의 영향력은 줄어들고, 덜 합리적인 성격 때문에 대중 종교성은 쉽게 운명주의적 경향(Kismet)을 취하고, 그로 인해 주술은 대중종교에서 사라지지 않는다. 마지막으로, 세습적 관료주의의 유교적 성격에 상응하여, 중국에서도 '운명'에 대한 지식이 교양 있는 태도를 보장하는 것으로 여겨졌지만, 다른 한편으로는 이러한 운명이 주술적 대중 신앙에서는 숙명주의적인, 식자층의 신앙에서는 섭리와 '운명'(moira) 사이의 중간적 위치를 취하는 경향을 보인다. 운명과 이를 견뎌내는 용기가 전사적 영웅의 자부심을 제공한 것처럼, 예정은 영웅주의적 시민적 금욕의 (바리새적) 자부심을 제공한다. 그러나 그 누구도 청교도적 예정 은총의 적용에서처럼 예정론적 구원 귀족주의의 자부심을 소명/직업의 인간성 및 합리적 행위의 성공이 신의 축복이라는 사고와 연결하지는 못하였고, 경제적 태도에서 그처럼 강력한 금욕적 동기의 영향을 행사하지는 못하였다. 예정 은총도 영원으로부터의 '이중적 결정' 사고를 홀로 견뎌낸 종교적 대가들의 신앙이다. 하지만, 일상과 대중 종교성으로의 유입 증대와 함께 사람들은 이러한 교리의 음침한 엄숙함을 점점 더 견딜 수 없게 되었다. 이러한 은총의 교리가 특별히 자본주의적 합리적 태도에서 영리 활동을 통한 방법론적 소명/직업적 증명이라는 사고에 끼친 기여는 서양의 금욕적 개신교에 잔재(caput mortuum)로 남아 있다. 카이퍼(A. Kyyper)의 신칼뱅주의는 더 이상 순수한 교리를 완벽하게 변호하려 하지 않았다. 그러나 이러한 신앙이 실제로 근절되지는 않았고, 단지 그 형태만 변화하였다. 모든 상황에서 예정론적 결정주의는, '태도 윤리'의 생각할 수 있는 가장 강력한 체계적 중심화의 수단이었다. 어떠한 개별적 행위가 아니라, 오늘날 얘기하는 바와 같은 '전인격'이 '신의 선택'을 통한 영원한 가치로서 제공되었다. 이러한 종교적 신앙 가치가 비종교적, 현세적으로 사용된 결정주의에 기반을 둔 대응물은, 동일한 형이상학적 기초의 태도 윤리의 윤리적 체계화에 의해 현대적 인간의 특징이 된, 특정 종류의 '수치심'과 - 소위 - 신 없는 죄의식이다. 현대적 인간은 특정 행위를 행함이 아니라, 그와 무관하게, 자신의 변경할 수 없는 기질로 인해 그렇다는 것이, 그가 이것을 행할 수 있었다는 것 자체가, 그가 감당해야 할 비밀스러운 고통이며, 타인들이 결정주의적으로 이용하는 '바리새주의'에서 비난하는 바로 그것이다. 이러한 입장은, 특정한 비밀스러운 신적 이성을 떠 올릴 수 있었던 종교적 예정론적 신앙 자체와 전적으로 똑같은 방식으로 비인간적인데, 거기에는 '용서'와 '참회' 혹은 '회복'의 유의미한 가능성이 전혀 없기 때문이다.

II

에른스트 트뢸치:

기독교 교회와 공동체의 사회적 가르침 – 결론

원문 출처: "Schluß," in: *Die Soziallehren der christlichen Kirchen un Gruppen* (1912)

현재 상황

　서술은 끝이 났다. 철저하게 서술할 수 있는 범위는 18세기까지이다. 그로부터 현재까지의 전개는 약술할 수밖에 없다. 19세기에 전체 교회사는 새로운 조건에 들어서게 되는데, 현대적 사유의 독립된 등장과 더불어, 국가교회에 의해 통일되었던 삶은 해체되고, 이후로는 결코 확정된 통일적 대상을 갖지 못한다. 이와 함께, 기독교공동체의 사회철학도 간과할 수 없는 분열과 지속적인 변화에 따른 여러 어려움에 부딪히게 된다. 이들을 움직이는 토대는 이제 전혀 새로운 것으로, 현대의 시민-자본주의적 사회, 관료주의적 군사 국가의 토대이다. 국가와 종교의 관계는 느슨해지거나 완전히 단절된다. 사회이론은 오직 고대, 성서, 신학과만 함께 작업하던 유년기로부터, 지역과 사람의 관계, 경제적 하부구조와 정신적 상부구조의 관계, 사회학적 법칙과 모든 공동체 형성의 관계를 완전히 새롭게 연구하는, 교회의 사회철학을 훌쩍 뛰어넘는 독립된 학문으로 성장하였다. 무엇보다도 현대의 자본가, 자연법, 제4계급의 해방, 그리고 과학적 이성주의는 합리주의적 개인주의라는 새로운 사회학적 기본 틀을 창조하였다. 합리주의적 개인주의는 기독교적 개인주의의 고대적 이상과 연결되기도 하지만, 또한 전자의 낙관론적 평등주의 정신은 후자와 첨예하게 대립한다. 이러한 원자론적인, 공산주의와 사회주의에서도 본질적인 개인주의적 성향의 민주주의 정신에 반대하여 나타난 반격은, 부분적으로는 교회적인 사회철학에 의해 이루어졌지만, 다른 한편으로는 기독교적 사회철학에 날카롭게 대립하는 자연과학-생물학적 혹은 플라톤적-유기체적 정신에 의해 이루어졌다. 나아가, 현대의 개인주의가 현실적으로 실천적인 제한을 갖고, 시민적 개인주의에 의해 속박에서 벗어나, 전 세계에 퍼진 수 세기 간의 경쟁적 투쟁이 중단된 것은, 순전히 경제적이고, 정치적인 권력 관계의 산물로 보아야 할 것이다. 생산물 판매 및 세력권의 할당은 안전한 분할을 가져왔고, 이러한 결정은 인구의 유동성과 후손의 생산을 일정 한계 내에 고정했다. 급진적 개인주의는 아마도 곧, 이전과 현재의 제약 문화 사이의 간주곡이 될 것이다(이는 낡은 집의 해체이며, 그 낡은 집을 이루었던 돌들로 다시 새로운 집이 건설될 것이다). 새로운 집이 어떻게 보이는지, 기독교 윤리와 사회철학의 전개가 어떤 가능성을 가져올지, 현재는 아무도 모른다. 기독교 사회철학은 공동체 의식 및 형이상학적 개인주의와 함께 이러한 건설에 참여할 것이다. 이 작업은 다른 건설업자들과 공유되고, 동시에 그 땅과 재료의 특수성에 맞게 결합해야 할 것이다.

이러한 상황에서 현재 사정을 기술하고, 그로부터 발생할 미래에 대한 원칙을 끌어내는 것은 매우 어렵다. 다양한 현재의 기독교적 운동, 프로그램, 공동체의 결성 등의 단순한 서술에 제한하더라도, 전체의 혼란한 상황 속에서 그것은 별도의 고유한 작업과제가 될 것이다. 그러므로, 지금까지의 기술에 대한 결론에 있어, 상세한 논의는 제외하고, 단지 현재의 이러한 특별한 상황에 대한 중요한 결과들을 몇 개의 간략한 일반적 문장으로서 표명하는 것만이 가능할 것이다. 우리의 탐구는 현재 기독교의 사회 윤리적 과제와 가능성으로부터 출발하였다. 그리고 나서, 이러한 종교적 이념의 사회적 자기 형성이 그 세속적 사회적 형성에 대한 관계들로부터 분리되는 지점으로 돌아갔다. 그 결과, 세속과의 관계는 기독교적 이념의 특별한 이해와 그 이해에 따른 조직적인 자기 형성에 따라 매우 상이하게 형성됨을 발견하였고, 다양한 교회와 공동체의 형성 및 상응하는 사회윤리를 추적 조사하였다. 이러한 연구는 결국 전반적인 문화적 상황의 형성 조건들과 마주쳤고, 그때그때 자신의 앞에 놓인 상호 간의 영향 관계에 대해 질문을 던져야 했다. 그리고 그 결과, 기독교의 본질과 역사의 전체적 이해 전반에 걸쳐 다음과 같은 사항들이 드러났다:

1. 공동체 형성의 3가지 유형

종교적 공동체의 형성에 있어 복음서와 원시 기독교의 입장이 애매한 것은 분명하다. 예수의 복음은 영혼의 내면적 이해와 결합을 향한 갈망을 지닌, 자유로운 개인적 종교성을 중요시하지만, 제의적 조직이나, 종교적 공동체의 창조에의 지향은 나타나지 않는다. 예수에 대한 신앙에서 처음으로, 부활한 자를 새로운 공동체의 제의적 중심으로 높임에서, 이에 대한 필요성이 등장한다. 거기서는 처음부터, 기독교적 이념의 사회학적 자기 형성의 3가지 유형, 교회(Kirche), 종파(Sekte), 신비주의(Mystik)의 형태가 나타난다. 교회는 구원행위의 결과로서 제공된 구원과 은총의 제도로서, 확실한 은총에 이르도록, 객관적 은총과 구원의 보물을 위해서 주관적인 구원을 무시한 채, 대중을 수용하고, 세상에 적응해 나간다. 종파는 엄격하고, 의식 있는 기독교인들의 자유로운 연합체로, 진실로 거듭난 자로서 함께 모이며, 세상으로부터 분리되고, 소규모로 제한되며, 은총 대신 율법을 강조하고, 그 안에서 다소의 급진적인 경향을 지닌 기독교적 사랑의 생활질서를 고무하며, 모두가 다가올 하나님의 나라를 준비하고 기대한다. 신비주의는 제의와 교리로 확립된 이념 세계를 순수한 개인적-내면적 심성의 소유로 내면화, 직접화하여, 단지 유동적이고, 매우 개인적인 성격의 공동체 형성만이 이루어지며, 그 밖의 제의나 교리, 역사적 관계 등과 관련해서는 유동적인 경향을 띤다. 이러한 3가지 형태는 초창기부터 생겨난 것이지만, 오늘날까지도 모든 종교영역에서 여러 가지의 혼종과 전이적 형태로서 나타나고 있다. 교회만이 커다란 대중 영향력을 지닌다. 종파는 대중적으로 확장될 경우 교회에 가까워진다. 신비주의는 학문의 자율성과 선택적 친화성을 지니며, 학문적으로 훈련된 계층의 종교성을 위한 피난처를 형성한다. 학문적이 아닌 계층에서 신비주의는 광란주의나 감정적 헌신이 되어, 교회와 종파의 환영받는 보완재가 된다.

2. 교리와 신학의 사회학적 조건

전체 기독교의 표상 세계와 교리의 사회학적 기본조건들과 공동체 관념에 대한 의존성이 밝혀진다. 기독교적으로 특별한 원교리, 그리스도의 신성에 관한 교리는 그리스도 제의로부터 기인하며, 이는 또다시 새로운 정신의 공동체가 나타난 시점의 필요성에 기인한다. 그리스도 제의는 기독교적 공동체가 조직된 지점이자, 기독교 교리의 창조자이다. 기독교가 섬기는 신은, 다른 신비 제의의 신과 같이 다신론적으로 이해되지 않고, 예언자들이 언급한 유일신의 구원 계시로 제시되기에, 그리스도 교리에서 삼위일체 교리가 형성된다. 모든 철학적, 신화적 차용은 단지, 기독교 제의공동체의 내적 필요에서 형성된 이러한 사유를 위한 매개일 뿐이다. 그러나 이러한 그리스도 교리는 이제 교회, 종파, 신비주의의 토양에서 매우 상이한 의미를 획득한다. 교회의 그리스도는 자신의 구원행위를 통해 최종적인 구원과 죄 사함을 완성한 구원자이며, 교회의 직분, 말씀, 성사를 통해 기적적으로 작용하면서, 그 구원을 개인들에게 나누어 준다. 종파의 그리스도는 신적인 위엄과 권위를 지닌 주, 모범, 율법의 수여자이며, 공동체가 수치와 비참함을 경험하는 현세적 순례를 하게 하지만, 그의 재림과 하나님 나라의 건설 가운데 그 본래의 구원을 완성할 것이다. 신비주의의 그리스도는, 모든 경건한 감정의 유발, 모든 씨앗과 불꽃의 작용에 깃든, 내면의 정신적, 현재적 원리이며, 이는 역사적 그리스도 안에서 신적으로 성육신하지만, 내면의 정신적 작용에서만 인식되고, 확인될 수 있으며, 이는 인간의 숨겨진 신적 삶의 기초에 부합한다. 다른 모든 것들도 이러한 원교리와 유사하게 진행된다. 그리스도 교리가 본래 예수의 하나님 나라 선포를 그 속으로 흡수하는 것처럼, 그리스도 교리의 상이한 영역으로의 변천과 함께 두 번째 기독교 주요교리의 운명도 결정된다. 교회는 그리스도의 나라이며, 세상에서 하나님 나라와 동일시되거나, 그 지속적 생산의 매개체가 된다. 종파에서 예수는 다가올 하나님 나라의 선포자와 전달자로 머무르며, 천년왕국적 경향을 지닌다. 신비주의에서 그리스도의 통치는 성령의 통치이며, 하나님의 나라는 오직 우리 안에 내적으로 존재한다. 구원의 사유도 이와 매우 유사하게 이루어진다. 교회에 있어 구원의 작업은 그리스도의 속죄의 죽음과 함께 완결된다. 이는 교회에 죄 사함과 성화의 힘을 부여한다. 종파에 있어 본래의 구원은 그리스도의 재림과 그 나라의 건설 가운데 놓이며, 다른 모든 것은 이를 위한 준비일 뿐이다. 신비주의에 있어 구원은 늘 새롭게 반복되는 영혼과 신의 합일 사건이며, 그리스도는 단지 이의 주창자이자 상징일 뿐이다. 이러한 상이한 유형들은, 기독교공동체의 이념 유형들과 마찬가지로, 실제로는 서로 섞이고, 결합한다. 그러나 이러한 유형화를 통하여 사람들은 교리사를 지금까지의 경우보다 더욱 분명하고 단순하게 이해할 수 있다. 이는 기독교 신 관념의 내재적 발전도, 고대 신비 제의의 신화와 사변적 철학의 융합도, 교회의 교리적 결정의 축적도, 그 때마다 기독교적 삶의 상태의 직접적 표현도 아니다. 종교적 교리는 먼저 제의 속에서 이루어진 종교적 활력의 표현, 이러한 목적에 필요한 사고의 발전이다. 모든 철학적인 것과 순수 교리적인 것은 부차적이다. 제의와 공동체 이념의 배후에 놓인 본능적인 신의 이해를 변증법적으로 분명하게 만들 필요를 사람들은 인식하지 못했다. 사람들은 단지 개별사항들만을 연결하고, 체계로 만들었다. 하지만, 본래의 종교적 기본 이념 자체는 무의식 가운데 놓여 있고, 다시 그와 함께 본능적으로 부여된 공동체와 문화이념 속에 배태되어 있다. 그러므로, 개별적 사유자가 심층으로 파고들어, 신학적으로, 종교 철학적으로 기독교적 신인식 안으로 뚫고 들어가야 한다. 그러나 이들이 특정한 공동체와 결합하여 있는 한, 이러한 조건은 그들에게 공동체적 사유의 사회학적 특성을 통해서 알려진다. 거꾸로, 본질적인 교리적 비판이 사회학적 기본감각에서의 변화를 초래하기도 하는데, 이러한 작업은 기독교 표상 세계의 학문적 작업인 신학의 본질과 숙명에 대한 해명을 의미한다. 기독교적 이념 세계가 철저하게 제의적, 성사적 조건으로 발전한 형태인 가톨릭 신학은, 구원제도의 신앙의 유산(depositum fidei)[1]을 고대 후기의 관념주의적 발전의 형이상학 틀 안에 집어넣고, 형식적으로 고정한 것이다. 제의와 성사를 내면화하고, 정신적으로 만든 교회 원리인 개신교 신학은 순수한 교리를 사고체계로 만들었지만, 제의적 설교와 권위적 은총과 교리의 기초는 그대로 유지하였다. 그 결과 개신교 신학은 그 자체로 유효한 사고체계와 역사적으로 권위 있는, 기적에 의해 증명되는 교리영역 사이에서 유동(流動)하였고, 현대과학을 통한 영향의 증대와 함께 그 동요는 더욱 격렬해졌다. 본질에서 하위계층에 속하며, 일반적 사유의 매개를 필요로 하지 않는 종파는 교회 이전, 과학 이전의 관점으로 회귀하여, 신학이 아니라, 엄격한 윤리, 생생한 신화와 열정적인 미래에의 희망을 품는다. 영적 종교

---

1) 교회에 맡겨진 신앙 교리를 뜻하는 가톨릭 용어. 이는 그리스도께서 세우신 교회에 위탁한 것으로 여겨지며, 이것을 교도권(magisterium)이라 부른다.

(Spiritualismus)만이 기독교 종교성을 살아서 계속 영향을 미치는 현재적 운동으로, 종교적 의식의 보편적 움직임 안에 있는 동력으로서 파악하였다. 그리하여 영적 종교만이 고유의 학문적인, 보편으로 돌아가는, 종교 철학적 신학을 생산해내며, 실제적인 발전 가능성을 연다. 모든 기독교적 사유의 전개 가운데 영적 종교만이 현대 관념론의 위대한 사상가들에 의해 이어지며, 발전되었다. 그러나 이는 본래의 교회적 정신의 파괴로부터 성립된 것이기에, 교회 및 확고하고 지속적인 조직에 대한 관계는 상당히 어렵다. 여기에 오늘날의 기독교 정신이 현대적 교양층에 대해 갖는 어려움이 놓여 있다.

3. 진리의 개념과 관용

세 가지 상이한 유형에서의 기독교의 진리개념의 차이가 드러나고, 이를 통해 국가권력과 관용의 이념에 대한 기독교의 모순적이고 얽혀 있는 관계가 분명해진다. 교회는 대중과 국민교회가 되고, 그리하여 신성과 거룩함은 주체로부터 객관적 구원제도와 그 신적 은총 및 진리의 장치로 이전된다. 이들은 기적적인, 모든 인간적인 힘에 대립하는 구원의 은총을 소유할 뿐 아니라, 절대적이고, 직접적으로 신적인, 모든 인간적 주관성에 대립하는 진리와 가르침의 권위를 지닌다. 그와 같은 진리는 본질에서 통일적이고, 모든 것을 지배한다. 이 진리는 교회 안에서 성직자, 교사, 또한 신자와 평신도에 대해 불변의 진리로서, 강제력을 가지고 정당한 것으로 유지될 권리를 갖고, 그에 따른 의무도 주어진다. 이러한 교회 자체의 내적인 불가사의한 힘의 진리를 강제 없이 실행하려는 모든 관념론적 시도는, 실제적인 실행 불가능성에 부딪혀 좌절되고, 다시 강제로 회귀하는 결과를 갖는다. 국민을 타락시키고, 신의 영예를 해치는 실수와 관습이 용인되어서는 안 되며, 교회 안에서 태어난 백성들이 보호 없이 유혹에 던져져서도 안 되기에, 이러한 강제는 외부적으로도 표명되어야 한다. 결국 전체 국민이 구원의 설교를 알고, 모든 사람이 최소한 신의 구원과 접할 수 있게 제공되어야 한다. 이는 자비를 필요로 하고, 이를 위해 구원 진리의 절대 신성이 정당화된다. 여기서 사람들은 그들 자신의 안녕에 강제된다. 그러나 이는 또한 물리적 권력 혹은 국가의 협력을 요구하며, 이러한 협력 없이는 내적인 교회의 단일성도, 또한 국민 혹은 지역교회의 완성도 나타날 수 없다. 그와 함께 국가는 신성한 진리에 대한 그의 의무를 다해야 하며, 또한 교회의 국가에 대한 복잡한 협력 관계가 형성된다. 그러나 종파는 전혀 다르다. 그들은 대중교회가 아닌, 거룩한 기독교인의 고백공동체이기를 원한다. 이는 국가와 사회 곁에 머무는 작은 공동체이다. 그들은 또한 자신들이 복음서의 절대적 진리를 지녔으며, 대중과 국가의 인식능력을 뛰어넘는다고 주장하면서, 국가로부터의 자유를 요구한다. 게다가 이러한 절대적 복음은 그들에게 강제, 권력, 법률 등을 금하기에, 내외적으로 강제적인 관철을 포기한다. 이들은 외부적으로는 관용을, 국가의 종교적 중립을 요구한다. 그러나 내부적으로는 종교적인 교리와 도덕 교육을 행한다. 그들은 각자가 자신의 고유한 것을 믿는 이상주의적 관용을 지니며, 진리의 절대성으로부터 강제적 관철을 끌어내는 것을 금하고, 최후 심판의 날 이전에는 대중적 확산을 전혀 기대하지 않는다. 다양한 종파의 형성을 통한 순수한 정신적 투쟁과 윤리적인 경쟁은, 진리의 절대성을 상실하지 않는 범위에서 허용된다. 이 진리는 결코 대중의, 일반적 진리는 아니며, 최후 심판의 날에야 비로소 지배적 법으로서 적용될 것이다. 이들은 양심의 자유와 관용을 교회나 지배 권력의 관점보다 확장하여 인식한다. 그러나 내부적으로는 엄격한 성경의 율법이 지배하기에, 관용을 전혀 보이지 않거나 매우 적다. 이들은 사회적 거부(Boykott) 정도 외에는, 통일성의 유지를 위한 정부 권력과의 협력을 포기한다. 이에 따라, 끝없는 분열이 발생하여 왔다. 실제적인 일치는 정부와 강제권력의 도움에 의해서만 존재할 수 있다. 마지막으로 영적 신비주의는 또 다른 입장을 지닌다. 이들은 구원의 진리를, 문자적 형식 이면에 말할 수 없는 것으로 놓인, 개인적인 인격적 소유로서 내면화, 상대화한다. 성경적, 교리적, 제의적 형식은 상대적 의미를 지닐 뿐이며, 이는 신비주의를 모든 역사적 형태로부터 독립적으로 만든다. 정신의 내적인 통일은 그 자체로 모든 영혼을 공통의 순수 정신적인, 공식화할 수 없는 진리 안에서 결합한다. 이러한 관점에서만 종교적 공동체 안에서의 관용과 양심의 자유가 가능하며, 조직은 단지 교회적 돌봄의 수단이 되고, 종교적 삶 자체는 다양하게 상대적으로 정당화된 표현형태 가운데 자유롭게 움직일 수 있다. 물론 여기에도 어떤 결정권위가, 어떤 기준에 의해 기독교 됨을 확정할 수 있을지의 문제는 존재한다. 영이 영을 알아본다는 일상적인 대답은 실제적으로는 의미가 없다. 그 때문에 이러한 관점에서 쉽게 모든 조직화한 공동체의 포기나, 순수 인격적인 형태의 개인적 태도공동체로의 후퇴가 생겨난다. 신비주의는 공통으로 모든 공동체를 쉽게 포기하려 하고, 상대주의적 개인주의에 떨어지고 만다. 이러한 순환범위 속에서 기독교의 관용과 양심의 자유 문제는 종교적 공동체의 형성 조건과 연결되어 움직인다. 결코 여기에서 벗어날 수는 없다. 이러한 힘들의 비극적인 경연(競演)에서 유래한, 접근(漸近)하는 유용성을 지닌 다양한 실제적 제안만이 존재할 뿐이다.

4. 기독교 윤리의 역사

그 서술이 극히 어려운 것으로 알려진 기독교 정신(Ethos)의 역사가 이를 통해 해명된다. 복음서의 정신은 무한한 숭고함을 지닌, 어린아이의 내면성의 정신이다. 한편으로는 신과의 내적 공동체를 이루는 것을 교란하는 모든 것을 멀리하고, 그의 뜻과 내적으로 결합한 모든 활동을 통한 신에 대한 자기 성화가, 다른 한편으로는 현존재를 둘러싼 분쟁, 법, 외면적 제도의 모든 갈등과 견고함이 신 안에서 해소되고, 영혼을 내면적 이해와 희생적 사랑에 결합하는, 또한 가장 단순한 표명으로서의 참된 신적 존재의 예감인, 형제애가 요구된다. 예수가 하나님 나라에서 선포한 새로운 세계의 이상이 그 완전한 형태의 실행이다. 그러나 이는, 지속하는 현세에서는 타협 없이 실행될 수 없는 이상이다. 기독교 정신의 역사는 이러한 타협에 대한 새로운 탐색의 역사이며, 타협 태도에 대한 새로운 투쟁의 역사이다. 국민과 대중의 제도로서 교회는 특히 타협을 필요로 하며, 거룩함의 제도로의 이전과 그에 상응하는 용서의 은총을 통하여 이를 발견한다. 교회는 타락에 대한 자연법의 스토아적 관념과 결합하여 그 길을 발견하였다. 이는 현세적 삶의 기간 동안에는 죄악의 결과이자 그에 대한 치유수단으로서 법, 권력, 강제, 전쟁, 사유재산, 소유 노력 등을 인정한다. 이러한 타협과 함께 교회에는, 평균적인 세상의 도덕과 엄격한 신성함의 도덕이 분리되어 나타난다. 후자는 고대 후기의 이원론적 금욕주의와 합류하여, 수도원을 조직하는데, 이는 나중에 다시 세상으로 파고 들어간다. 그리하여 이중적 도덕이 나타나는데, 고전적 가톨릭 이론은 자연에서 은총으로 향상되는, 독창적인 발전체계를 만들어냈다. 교회적인 개신교는 이러한 이중성을 해체하고, 양자를 그 직업윤리에서 결합하는데, 루터교는 죄악에 물든 주어진 세계관계를 체념하는 마음으로 느슨하게 수용함으로써, 칼뱅주의와 금욕적 개신교는 세속적 삶 속에서 합리적으로 거룩한 공동체를 만들려고 시도함으로써 이를 이루었다. 이러한 교회적 타협과 나란히, 종파는 처음부터 타협 없이 산상수훈의 순수한 이상을 실현하고자 노력하였고, 그로 인해 세상과 첨예하게 대립하는 처지에 놓였다. 고난 받고, 인내하는 종파형 공동체들은 조용한 소규모 집단 속에서, 가능한 최소한만 양보를 하면서 이를 실현하였고, 다가올 하나님 나라 가운데 위로를 얻었다. 이들은 금욕적 개신교와의 연결을 통하여 지속하는 세상 속에 편입할 수 있는 좁은 길을 발견하기도 하였다. 공격적이며, 세상을 갱신하고자 하는 종파는, 예상되는 분명한 세계의 종말이 기독교적 생활질서를 강제적으로 관철하기 위해 권력을 이용하는 것을 정당화한다고 보지만, 당연히 이러한 시도는 지속적인 성공을 거두지는 못하고, 오히려 자신들의 본래 기독교성을 잃어버리게 만든다. 이들에게는 계시록과 구약성서가 복음서의 자리를 대신한다. 마지막으로 영적 신비주의자들은 영과 양심의 자유 안에서 타협과 비타협양자에 무관심하며, 좋은 의미에서는 반율법주의적으로, 나쁜 의미에서는 기회주의적으로 살아간다. 엄격하게 금욕주의적일 때에도, 그것은 자유의 의미 안에서이다. 퀘이커교도들이 말하는 것처럼, 그들은 살아있는 거룩한 신과의 내적 공유의 감정에 상응하는 모든 것을 행하고, 대립하는 것은 중단하며, 자신을 순수하게 내면적인 인격적 영혼의 공동체에 쏟아붓는다. 이와 함께 대중적 영향과 삶의 전반적 조직의 가능성은 상실된다. 그들은 본래 이런 것들을 전혀 추구하지 않거나, 영의 내면적 힘에 의해서만 기대한다. 영에서 일반적인 것으로 흘러가는 것이나, 거기서 내적인 방식으로 그들을 변화시키는 것은 우연에 맡겨진다. 하지만, 이 모든 윤리적 형성에는 기독교적 세계대립(Weltgegensatz)이라는 힘이 작동하고 있다. 이러한 기독교의 근본 방향은 오늘날 공리주의, 낙관주의, 내재성, 자연주의, 그리고 금욕적 자연숭배 등 현대 삶의 운동들에 의해, 종종 그 방향 자체를 완전히 이해할 수 없게 될 정도로, 심하게 파괴되고 있지만, 종교의 근본적인 이념 속에서, 또는 완전히 세속적인 낙관주의가 스스로 해체되는 과정에서 늘 새롭게 다시 등장한다. 이는 오늘날의 모든 문화적인 즐거움과 단순한 회의적 비관주의 사이에서 기독교 윤리에 그 과제를 새롭게 다시 제시한다. 초현세성과 그에 따르는 불가피한 결과들, 형이상학적-이원론적 또는 원칙적인-엄격한 의미에서의 금욕 문제 등은 오늘날에도 기독교 정신의 근본문제이며, 이는 결코 단순한 세계 및 자기 부인은 아니다. 다른 한편으로, 이러한 종교적인 일면성을 그와 결합할 수 있는 문화윤리를 통하여 보완하는 것이 또 하나의 중요한 문제이다. 교회는 이러한 보완을 도덕적 자연법과 같은 고대 후기의 철학에서 취하였다. 그 보완을 포기하게 되면, 종파는 비문화나 무의미성으로, 신비주의는 완전한 은둔의 물러남에 빠지게 된다. 양자가 의미를 회복했던 곳에서는, 어쨌든 자신의 방식으로 그 보완이 이루어졌다. 그러나 이전의 보완이 기능하는 것은 오늘날 완전히 새로운 문화의 상황에서는 불가능해졌으며, 따라서 새로운 보완이 필요하다. 기독교 정신은 지속하는 세상 속에서 그 자체로만 살아남을 수는 없고, 또한 충분치 못하다. 문제는 어떻게 이러한 보완이 오늘날 형성될 수 있을까 하는 것이다. 여기에 새로운 기독교 윤리의 과제가 놓여 있다.

5. 교회사에 대한 마르크시스트적 방법의 의미

마지막으로 중요하게 역사적으로 살펴볼 부분은 기독교에 사회사적 방법을 적용하는 것의 장점과 한계이다. '마르크시스트적' 방법은 분명하게 증명된 정당성을 가지고, 점차로 모든 역사적 이해와 또한 현재와 미래의 이해를 변형시키고 있다. 계급투쟁을 얘기하는 학자들은 전체 기독교를 경제적 발전의 이데올로기적 반영으로 기술하고, 이러한 이해를 당원들을 넘어 확산시키고자 시도해 왔다. 마우렌브레허(W. Maurenbrecher)[2]는 이러한 이해를 최근에 처음으로, 더욱 정교하고 교훈적인 방식으로 기독교의 발전사에 적용하였

---

[2] 1838-1892. 독일의 개신교 역사가로 종교개혁사의 중요한 연구자, '가톨릭 종교개혁'이라는 용어를 통해 종교개혁 이후 가톨릭의 개혁 노력을 긍정적으로 서술하였다.

다. 이 방법의 배타적이고, 교조적인 수행과 달리, 지금까지의 기술은 모든 종교적인 것, 특히 종교적 발전의 중요한 분기점들을 종교적 삶의 독립적인 표명으로 나타내었다. 예수, 바울, 오리겐, 아우구스티누스, 성 토마스, 성 프란체스코, 성 보나벤투라, 루터, 칼뱅, 이들의 감정과 사고를 계급투쟁이나 경제적 이해관계에서 추론해낼 수는 없다. 그러나 다른 한편으로, 그들의 고유한 종교적 사유가 이러한 인과관계로부터 자극, 형식, 운동, 그리고 목적을 구체적으로 획득하고, 사회적이고, 이를 통해 매개된 최종적인 경제적 힘이 다양하게 직·간접적 방식으로 그 인과관계에서 작용함은 분명하다. 모든 다른 영역에서처럼, 종교사에 있어서도 인과관계의 이해는 이러한 함께 작용하는 요소들에 대해 새롭게 주의함을 통해 현저하게 확대되고, 변화된다. 사람들이 이미 현재까지, 정치적, 학문사적, 철학적, 인종이론 및 생물학적 인과성을 구체적인 종교사적 사건들이 일어난 맥락 속에 삽입했던 것처럼, 새롭게 밝혀진 인과성도 그 충분한 의미에서 받아들여져야 한다. 사람들이 일단 종교적 계시를 인과성의 연관에서 발전된 것으로 바라보는 시각에 익숙해진다면, 원칙적으로 이러한 시도는 새로운 것을 의미하지 않는다. 추정된 '필연성'과 '역사의 추정된 법칙'에 대해서 이제 더는 얘기할 필요는 없다. 인과성 사이에서는, 더 낮고 덜한 중요성의 서열이 성립하지 않는다. 그러므로, 많은 사람들이 생각하는 것처럼, 이러한 새롭게 인식된 인과성에 지금까지 존중되어 왔던 것과 동일한 권리를 허용한다고 해서 품위의 손상이 일어나지는 않는다. 그러나 실제적으로는, 이러한 시도는 전체적 구도에 있어서 매우 심각한 변화를 의미한다. 이는 다음과 같은 사실들을 드러낸다: 어떻게 기독교 및 그와 연관된 고대 후기의 윤리적-종교적인 종류의 관념론적 노력이 고대 사회사의 결과들과 관련되고, 새로운 세계와 만나고, 결합하는지; 중세가 어떻게 상대적으로 단순하고, 저발전된 사회적 세계에 교회와 기독교 윤리를 접목함으로써 그 본질을 유지하고, 기독교 문화를 가능하게 만들었는지; 종교개혁의 개인주의가 어떻게 중세사회 해체를 전제하고, 종교개혁의 승리가 정치적, 사회적 관계들에 의해서 어떻게 해명되는지; 양 개신교 종파 사이의 차이가 어떻게 정치적, 사회적 기반에 의해 강력하게 조건 지어지는지; 현대의 개신교가 현대의 시민사회 및 그 문화적 이념과 어떻게 연결되는지; 마지막으로 자본주의, 현대의 국민주의, 제국주의 국가와 어마어마한 인구증가가 어떻게 지금까지의 기독교 윤리의 위기를 의미하는지 등. 종파의 계급 관련성은 단순한 사고의 변증법을 통해 파악할 수 없는, 종교적 사고가 갑작스럽게 변화하는 숨겨진 근거들을 보여 준다. 물론 이와 함께 종교사는 사건의 흐름 속으로, 삶의 기본요소들의 상호작용 안으로 한층 더 깊숙이 끌려 들어간다. 기독교 윤리 또한 늘 주어진, 특히 사회적 관계에 의해 조건 지어진 상태의 지배를 받고, 이러한 상태에 상응하는 관념의 배치에 의존하기에, 기독교 윤리에서만 변하지 않는, 절대적인 점을 발견하는 것은, 별로 가능하지 않은 것으로 보인다. 종교사와 기독교 역사는, 종교적 생활을 일반적 발전에 끼워 넣는 것을 배운 이래, 오래 전부터 이러한 이해로 향하는 과정에 있었다. 반복될 수 없는 종합, 그에 상응하는 종교 - 윤리적 지배로서의 모든 동인들이 상대적으로 조건 지어짐은 - 이는 많은 것을 간과하고 은폐하는 이론에서보다는 직관적인 측면에서 더 명백히 드러나는데 - 이를 통하여 훨씬 강력하게 알려진다. 이는 전체의 시간과 집단을 단지 역사 속에서 찾을 수 없는 절대적인 것의 준비단계로만 보는 악습을 완전히 불가능하게 만든다. 그러나 그때, 이미 자주 언급된 바 있는, 모든 시대는 - 그 주어진 조야한 현실이 아니라, 그 자체에서 본능적으로 형성된 관념 및 목표와 함께 - 신에 대하여 직접적이라는 의미심장한 랑케(L. von Ranke)[3]의 언급이 정당하게 인식될 수 있다. 모든 시대는 또한 자연적 기초, 경제적-사회적 상황, 정치적 권력 관계로부터 유래한 과제들을 그 이념을 통하여 지배하며, 그때 그 이념은 자신에 의해 지배된 물질들에 결코 독립적일 수 없고, 대개 그에 따라 움직인다. 그에 반하여, 기독교를 경제 및 사회사의 불안정한 반영으로 만드는 모든 시도는, 유행만 따라가거나, 최신 학문의 가면 아래서 자신의 종교적 가치를 공격하는 행위이다.

6. 지속하는 윤리적 내용

이 모든 인식은 역사적인 성격을 갖는다. 그러나 물론, 기독교의 이념과 생활세계에 대한 이처럼 확장된 연구가 실제로 과거에 대한 역사적 통찰 및 현재에 대한 그 영향 이상으로 아무 것도 가져올 수 없는가 하는 질문이 제기된다. 이러한 연구는 현재와 미래의 안내자가 될 수 있는 기독교적 사회정신의 내용으로서, 지속적이고 영원한 것, 이해만이 아니라 상황의 변형에 기여할 어떤 것을 가르쳐 주지는 않을까? 확실히 그런 것들을 가르쳐줄 수 있을 것이다. 그

---

3) 1795-1886. 엄밀한 사료 비판에 기초를 둔 근대 사학을 확립한 독일의 역사학자. 그의 역사관 자체는 독일 관념철학과 연결.

러나, 영원한 윤리적 가치의 인식은 결코 학문적인 인식이 아니며, 이를 학문적으로 증명할 수도 없다. 윤리적 가치는, 여기서 우리에게 향한, 현재의 연관성 속에 형성된 계시에서 절대 이성을 인식할 것이라는 확신 가운데서, 살아있는 신념과 행동하는 의지가 이룩한, 역사적 삶으로부터 추출된 것이다. 이러한 의미에서만, 기독교적 사회교리의 혼합된 역사 속에 포함된 지속하는 윤리적 가치를 끄집어내는 시도가 가능할 것이다. 첫 번째로: 그 인격적인 신론의 기반 위에선 기독교 정신만이 형이상학적 토대를 지닌, 어떠한 자연주의나, 비관론에 의해서도 파괴될 수 없는 인격성과 개인성의 사유를 제공한다. 신과의 존재 및 의지의 합일에 의해 자연 존재로부터 생성된 인격성만이 유한함에 초연하며, 그에 저항할 수 있다. 이러한 받침점이 없다면, 개인주의는 모두 증발하여 사라져 버릴 것이다. 두 번째로: 기독교 정신만이 모두를 향한, 또한 그 안에서 모두 하나 되는 신적인 사랑의 사유 기반 위에서 실제적이고, 흔들리지 않는 사회주의를 지닐 수 있다. 신적인 것의 매개 가운데 비로소, 자연적 존재로서의 인간에게 속한, 그 안에서 인간의 자연적 현존이 형성되는 분열과 냉담, 투쟁과 배제가 가라앉는다. 그 안에서 비로소, 강제와 권력, 공감과 도움의 필요, 성욕과 지향성, 일과 조직 등을 위해 만들어진 단체들이 그 모두를 아우르는, 형이상학적이기에 파괴할 수 없는 관련성을 획득한다. 세 번째로: 기독교 정신만이, 선택된 자의 입장에서 권력과 우연을 찬양하지도 않고, 평등적 원칙의 의미에서 현실을 억압하지도 않으면서, 평등과 불평등 문제를 극복할 수 있다. 기독교 윤리는 삶의 상황, 힘과 능력의 다양성을 신의 헤아릴 수 없는 의지에 의해 수립된 관계로 받아들이고, 이를 인격성의 내적 도야, 상호의 소속감을 통해 하나의 윤리적 질서로 변화시킨다. 한편으로는 의지적 순응과 복종의, 다른 한편으로는 배려와 책임의 윤리적 가치가, 자연적 차이를 상호인정, 신뢰, 배려의 윤리적 가치로 변화시킬 수 있고, 변화시켜야 하는 관계 속에 배치한다. 네 번째로: 기독교 정신은, 사회 안에 늘 존재하는 예측 불가능한 불행, 어려움, 질병 등 정의롭고 합리적인 사회질서가 결코 완전히 없앨 수 없는 것들에 대하여 기독교적 인격의 존중과 사랑의 힘으로써 자선을 행한다. 자선은 기독교적 정신에서 발원하였고, 이를 통해서만 유지될 수 있었다. 그와 결합하기도 하는 편협성과 선교의 욕망은, 위대하고 고귀한 일에 대해 인간이 지니는 한계일 뿐이다. 마지막으로: 기독교 정신은 모든 사회적 삶과 노력에 현세적 삶의 모든 상대성을 초월하는 목표를 설정하고, 그에 비추어 다른 모든 것은 단지 근접가치로만 제시한다. 사람들이 늘 생각하는 절대성의 궁극적 실현과 다르지 않은 미래의 하나님 나라의 사유는, 근시안적 반대자들이 말하는 것처럼, 세상과 세상 속의 삶의 가치를 평가절하하는 것이 아니라, 그 힘들을 자극하고, 모든 단계에 걸쳐 영혼을, 인간적인 일의 최종적, 미래적 절대 의미와 목표의 확실성 안에서 강력하게 만든다. 이러한 사유는 세계를 부정하지 않고, 세계를 초월한다. 모든 기독교적 금욕의 이러한 심오한 사유와 의미는, 끝없이 감정적 삶에 파고들면서, 이를 추구하는, 영웅주의의 자연적 동기는 구제 불능으로 파괴되고, 야수적인 본능들에서만 이를 다시 일깨우려 시도하는 전반적인 정신적 상황에서, 그 힘과 영웅적 정신을 유지할 수 있는 유일한 수단이다. 동시에 이러한 사유는 열정적인 활동과 확실한 목표, 그와 함께 소박한 건강의 원천이 된다. 이상(理想)을 완벽하게 이해하고 실현하는 것은 불가능함을, 늘 다시 경험에 의해 알려주곤 하던 모든 사회적 유토피아는 이제 불필요해진다. 또한 이를 추구하는 자들이 길을 잃고, 진지한 진리의 의미추구가 쉽게 빠져드는 결과이자, 현재의 고상한 정신들을 사로잡고 있는 회의주의로 돌아갈 필요도 없다. 내세는 현세의 힘이 된다.

7. 목적에 적합한 조직

이러한 사회 윤리적 사유와 힘들은 모두 기독교적 종교성으로부터 나온다. 이를 가능하게 하기 위해서는 종교적 힘의 활력을 유지하고 전파하는 것이 필수적이며, 이 둘 모두를 위해서는 다시 이를 전달하고, 지속해서 새롭게 생산해 낼 조직이 필요하다. 질문은 이것이다: 우리의 서술이, 지금 현재에 있어 점화된 이러한 문제, 종교적 공동체 자체의 형성과 여타 대규모 공동체들로의 접합과 관련하여 가르쳐주는 것은 무엇인가? 기독교의 공동체 이론에 대해 다룬 이 한 권의 두꺼운 책으로부터, 점점 악화해 가는 우리 교회의 어려움을 극복하기 위한 어떤 것들을 배울 수는 없는가? 여기서도 수확은 풍부한데, 이는 물론 학문적인 증명이기보다는 자유로운 합목적적 통찰의 문제이다. 첫 번째 교훈은, 정신적 단계에서의 종교적 삶은, 자연이 제공했던 것과는 다른, 독립적인 편성의 조직이 필요하다는 것이다. 종교는 독립적으로 자기 이해를 한 첫 순간부터 그러한 노력을 하였고, 이는 계속해서 가장 중요한 문제로 남아 있다. 그와 같은 조직의 중심은 의례(Kultus)이다. 의례로부터 포괄적 힘을 끌어내고, 또한 의례에 통합시키는 것이 그 중요한 과제이다. 교회조직과 의례가 없이는, 기독교는 전파 및 재생산이 불가능하다. 그저 자유롭게 움직이는 정신과 비조직적 자아 수행으로의 회귀는, 삶의 현실적 조건들을 오인하고, 전체를 약화하며, 증발시켜 버리는 유토피아적 이념일 뿐이다. 두 번째로, 이러한 조직의 형태와 관련하여, 종파나 신비주의에 비해 교회유형의 우세가 드러난다. 교회는 종교의 완전한 구원과 은총의 특성을 고수하며, 개인의 수행에서 독립된 은총의 소유를 가능케 하고, 성숙과 기독교화의 상이한 단계들을 포괄할 수 있다. 그 때문에 교회만이 불가피하게 상이한 등급의 구성원을 포괄하는 대중종교를 담아낼 수 있다. 이 점에서 교회는 종파와, 특히 신비주의보다 우월하다. 그로 인해 기독교 종교사의 고유한 대부분은 교회사로 진행되었고, '보편적 그리스도 교회'는 원기독교적 선교과업 최초의 결과물이었다. 그러나 교회는 동시에, 기독교의 이념을 실제적 가능성과 평균성의 수준으로 약화했고, 광범위한 적응과 타협이 원칙이 되도록 만들었다. 세 번째로, 교회유형 자체는 그 안에 보존된 순수한 기독교성과 세계적응 사이의 긴장으로 인해 매우 변화무쌍한 역사를 갖고, 오늘날 완전히 변화된 모습으로 파악된다. 교회유형의 순수하고 결과적으로 각인된 형태는 로마 가톨릭이다. 이는 점점 더 교리, 성사, 위계, 교황제와 무오류성의 확고한 객관화를 위해 종교의 내면성, 인격성, 유동성을 희생하였고, 종파적, 신비주의적 동기는 수도원과 경건 행위에서만 어느 정도 허용되었다. 교회 지배의 소박한 자명성이 포기되기 시작한 15세기의 위기 이후, 교회는 점점 더 객관화, 집중화 되어 갔다. 그와 반대로 개신교는, 객관적으로 조직화한 요소를 성서와 그 안에 거주하는 성령의 힘 및 이를 주해하는 설교의 직분으로 옮겨 놓음으로써 교회적인 구원제도의 사유를 다시 더욱 주관화, 내면화하고자 하였다. 루터는 모두를 변화시키는 영과 말씀의 힘에 대한 (곧 실망케 될) 신뢰를 가지고, 칼뱅은 성도를 통제할 수 있는 확고한 교회법의 도움으로 이를 수행하였다. 모든 교회 제도는 그 정당화와 관철을 위해 순수한 도덕적 힘만으로는 충분치 않으며, 세속적 힘을 요구해야만 했다. 그 도움 없이는 결코 지속적인, 일치하는, 분리 불가능한 교회 제도가 있을 수 없다. 강제 없이는 생각할 수 없고, 강제는 다시 국가의 도움 없이는 생각할 수 없다. 일반적인 소박한 믿음의 시대에는 그와 같은 강제는 해로운 것도, 비종교적인 것도 아니었다. 사람들이 진리에 대해 확신하고, 국민의 일반적 성향이 이와 일치하게 되면, 어리석음, 오류, 유혹에 대한 방지책은 건전하고, 분별 있는 것으로 여겨진다. 이는 사회의 종교적 통일성의 정당한 유지를 위한 전제이며, 개인들의 자유로운 자기법 제정이라는 원칙적, 초이념적 이상을 위해 이를 희생할 필요는 없다. 그러나 네 번째로, 교회유형이 다수 국민집단의 세계관적-성향의 깨어질 수 없는 통일성과 갖는 이러한 연관성 때문에, 교회유형은 단지 그러한 시기에만 내부적으로 적합하였다. 교회유형은 이러한 전제의 해체 이후에는 수축하거나, 분해됨을 지금까지의 서술이 보여주고 있다. 서구 문화에서 순수한 교회유형의 시기는 헤아릴 수 있을 정도다. 현대적 생활관의 자명한 요소들은 교회와 이제는 잘 맞아 떨어지지 않는다. 강제는 더 이상 개별적 흐름에 대한 전체의 보호가 아니라, 현실적 생활의 흐름에 대한 억압이 되었다.

이를 위한 세속적 힘은 전적으로 혹은 부분적으로 철회되었고, 곧 사소한 조치들만 가능하거나, 전혀 불가능해질 것이다. 신앙적으로 혼합된 국민에 있어 다양한 교회 제도들은, 각 교회가 제기하는 다수의, 절대적으로 유일한 진리에 직면해 있다. 국민의 영혼은 교회의 영향에서 벗어나고, 그 기능의 상당 부분은 학교, 문헌, 정부, 임의단체로 이양되었다. 이러한 상황에서 가톨릭의 교회유형은 양심에 대한 점점 더 강제적이고, 외면적인 지배를 강요하였다. 개신교의 교회 제도 일부는 유사한 전개과정으로 약화되었지만, 일부는 교회의 주관화를 통해 그 강력하고, 저항적인 힘을 유지하였다. 그리하여 교회유형은 현대 세계와 친화적인 종파와 신비주의에 양보하지 않을 수 없었다. (개신교적) 교회는 종파적 동기와 영적-신비주의의 상대주의를 지니고 자신을 관철해 나갔다. 이러한 멈출 수 없는 전개에 대항하여 교회적인 일치의 정신은 격렬히 저항하면서, 수줍어하든, 뻔뻔스럽게 하든, 가톨릭적 이상을 훔쳐보기는 하지만, 이제 더는 순수한 의미의 교회 제도가 존재하지 않는다. 개신교가 강력히 제기하는 전개 방향은 국가로부터의 분리, 교회형성의 자유, 개별 교회의 독립, 국가교회의 국민교회(Volkskirche)로의 전환 등이다. 이러한 교회는 공동의 행정관리에서는 결합하지만, 개별 교회에 이러한 결합을 항시적으로 위협할 수 있는 자유로운 결정을 허용한다. 아직 존속하는 것으로 보이는 통일적 고백교회의 이름 아래, 상당수 교회 구성원이 그러한 고백을 더는 하지 않는 모습은 이러한 상황을 잘 보여준다. 교회유형의 삶의 내용에 종파와 신비주의가 점점 더 많이 침투하고 있음은 개신교 역사가 우리에게 보여주고 있다. 가톨릭은 이러한 경향이 영향력을 갖지 않도록 노력하고 있지만, 개신교에서는 점점 더 그 힘이 강해지고 있다. 앞으로 의 과제, 교의학의 모든 과제보다 더 급박한 사회학적-조직론적 성 격의 과제는 이 세 가지 사회학적 기본 형태의 상호 침투와 이 모 든 동기를 아우르는 형태로의 통합에 놓여 있다. 교리를 통하여 조 정된 통일을 만들어내려는 노력은 좌절되어 왔다. '개신교적-교회적 교의학'은 더 이상 존재하지 않는다. 이제 통일과 결합도 교의학과 는 다른 기초 위에 추구되어야 한다. 그것은 강제, 폭력, 국가종교 와 일치에 의해 만들어진 교회가, 이제 다양한 기독교적 정신이 자 유롭게 거하며, 작용하는 장소로 변화된다는 전제하에서만 가능하 다. 교회적 조직은 그 고유한 역사적 무게를 통해 자신을 유지하며, 본래 세워졌던 것과는 다른 목적에 봉사할 수 있다. 국가교회 제도 가 그 시대에 치러야 했던 고통과 아픔들은 건설을 위해 지불한, 하지만 영원히 반복되어서는 안 될 희생으로 간주해야 할 것이다. 강제, 미움, 그리고 획일적 일치에 의해 건설된 곳에, 이제 세련되 고, 특히 매우 상이하지만, 상호 조화를 위해 노력하는 정신들이 거 할 수 있다. 단순한 자유교회-체계나 국가와 교회의 분리 체계는 교회 옆이나 외부에서만 양심의 자유를 인정하고, 교회 자체에서는 무관용을 고무하지만, 이러한 체계가 국민교회를 주장하면서, 교회 안에 열망하던 양심의 자유를 허용할 수도 있을 것이다. 그러나 모 든 개별적 교회형성과 선포들에서 개별화되고 유동적이 된, 공동의 역사적 삶의 본질에 대한 위대한 사고는 교회유형의 정신에 의해서 만 유지될 수 있다. 우리는 공동의 감정과 상속의식, 리하르트 로테 (Richard Rothe)[4]가 말한, '최소한의 교회'는 보존해야 할 것이다.

---

4) 1799-1867. 독일 개신교 신학자. 교회는 도덕적 문화국가로 나아가야 한다고 주장.

8. 기독교와 현재의 사회적 문제

우리가 본래 출발했던 질문, 자본주의 경제 시기, 그로부터 만들어진 산업 프롤레타리아와 군사적-관료주의 국가, 세계 및 식민지 정책에서 시작된 심각한 인구증가, 어마어마한 소비재를 생산해내는, 국제교류 가운데 유동적이고 연결된, 그러나 또한 사람과 일을 기계화하는 모든 기술의 문제와 같은 오늘날의 사회적 문제들에 대한 기독교의 의미와 관련된 질문은 어디에 머물러 있는가? 지금까지 언급한 것에 대한, 전혀 새로운, 기독교의 사회적 과업을 위해 지금까지는 전혀 그 앞에 놓이지 않았던 문제에 중요한 해답을 알기 위해, 먼저 그와 같은 질문을 공식화하는 것이 필요하다. 기독교 종파의 급진적 사회개혁 이념은 나름 존경할 만하고, 고귀한 것이긴 하지만, 이러한 문제들의 심각함에 당면하면, 기독교 사회주의의 급진적인 현대적 세계갱신 형태일지라도, 유토피아적인 아이들의 장난, 단지 몽상에 불과한 것이 될 뿐이다. 신비주의는 처음부터 모든 해결을 포기하였고, 이러한 혼란 속에서 모든 이성을 뛰어넘는 평화를 세상이 주는 것은 불가능함을 볼 뿐이다. 모든 교파 - 최소한 루터교 - 의 교회들은 이러한 중대한, 모든 영혼과 정서를 위협하는 곤란을 완화하는 프로그램을 펼치고, 근면하고, 희생적으로 그 맡은 바 몫을 다하였다. 그와 함께 이들은, 본질에서 그 사회철학의 오랜 위대한 주요유형으로 회귀하여, 이를 현대의 찬란한 투쟁을 위해 새롭게 움직이고자 시도한다. 우리는 이제 그와 같은, 포괄적인 역사적 의미와 힘을 얻게 해 주는 두 가지 주요유형이 있음을 본다. 그 하나는 중세 가톨릭의 계급적 - 조합적 - 가부장적 사회철학이다. 이 유형은 생존경쟁의 상대적 의존성, 모든 공동체의 개인적 권위와 존경의 관계들에 기초함, 전 자본주의 시대의 상대적으로 단순한 경제형태와 필요, 혈연, 지연 안에 있는 옛 연대성의 잔재 등을 개인적-인격적 가치 및 교회적 삶의 조직 안에서의 보편적 사랑의 공동체라는 기독교 정신과 결합하는 법 등을 알고 있다. 다른 하나는 금욕적 개신교의 사회철학이다. 이는 자유교회적, 경건주의적 색채의 칼뱅주의와 교회유형에 근접한 금욕적 종파로부터 발생하였고, 현대의 공리주의와 합리주의, 직업의 활동성과 일 그 자체의 찬양, 정치적 민주주의와 자유주의, 개인주의의 자유로운 움직임, 온갖 것을 주도하는 임의단체의 사유 등과 친화적이면서도, 개인의 책임에 대한 종교적 이념과 개인 및 공동체의 사랑 의무를 통하여, 사치, 맘모니즘 및 향락의 정서를 피하면서, 최종적으로 모든 면에서 그리스도의 일에 봉사하는 영웅주의를 통하여 현대적 삶의 윤리적으로 위험한 결과들을 중화시키는 법을 알고 있다. 기독교의 사회적 이념에 관한 이들 두 주요유형 외에 형성되었던 것들은 이미 당대에 사회적 현실의 거친 문제들을 해결할 수 없었고, 오늘날에는 완전히 대처할 수 없게 되었다. 하지만 이러한 두 강력한 유형도 - 오늘날까지 지속하는 위대한 업적에도 불구하고 - 소진해 가고 있다. 조합적-가부장적 가톨릭이 바라던 것은, 다시는 전혀 가능하지 않거나, 가톨릭의 약화된 힘으로는 실행할 수 없는 것이 되었다. 게다가 이는 여러 참기 어려운 부작용들을 야기한다. 그리스도의 지배를 위한 합리적 방법으로서 금욕적 개신교가 종교적 사유 아래 종속시켰던 것들은 이미 오래 전에 그 머리 위로 자라나서, 그 자체의 종교적, 심지어 사색적, 형이상학적 경계 및 표준점들을 내던져 버렸다. 다른 한편, 그 차가운 엄격성, 냉정한 사실성, 활동적인 개종 욕구, 그 비예술적이고 청교도적인 특성은 금욕적 개신교를 현대문화의 모든 본능의 적대자로 만들었다. 순수한 종교적 관점에서도, 그 율법성과 바리새주의, 지속적 압박, 정형화의 경향은 심오한 기독교 이념과 완전히 일치한다고 할 수는 없다. 우리의 연구는, 이러한 상황에서 기독교-사회적 작업의 문제적 상황을 통찰하기 위한 시도이다. 거친 현실을 극복해내는 이념의 능력은 늘 모호하고, 힘든 문제로 남기에, 특히 현재의 과제들에 대한 기독교의 사회적 교훈과 형성이 오늘날 다양한 이유에 의해서 거부되고 있기에, 이는 문제가 많다. 상황에 대한 기독교-사회적 극복이 이루어지려면, 이제, 아직 사유되지 않은, 이전의 형태가 이전의 상태에 상응하였던 것처럼, 현재 상태에 상응하는 새로운 사고가 필요하다. 이는 기독교 이념의 내부적 동력과 생동력 있는 현재적 갱신으로부터 나와야 한다. 앞서 언급한 두 주요유형이 신약성서에서 나오지 않은 것처럼, 이는 단지 신약성서에서가 아니라, 종교적 이념의 그때그때의 현재적 운동으로부터 나와야 한다. 그리고 이는 모든 종교-윤리적 이념의 창조가 당면하는 것과 동일한 운명을 지닌다. 필수불가결한 봉사를 수행하고, 내적인 힘을 전개하지만, 현세적 삶의 투쟁 영역에서 본래의 이상적 뜻을 완벽하게 실현하지는 못한다. 하나의 완결된 사회 윤리적 유기체로서, 이 땅의 하나님 나라는 지상의 다른 권력들처럼 아주 작은 것을 만들 뿐이다. 모든 이념이 야만적인 사실성과 모든 발전이 내외의 장애물과 맞서 있다는 것은 우리 연구의 진지하고 가장 중요한 통찰 중 하나이다. 지금 처음으로 발견된 기독교 윤리는 없다. 초기에 했던 것처럼, 자신의 방식으로 변화하는 세상의 상황을 극복해 나갈 뿐이다. 절대적인 윤리화도 없고, 물질적이고 인간적인 자연과의 투쟁만이 존재한다. 그러므로 현재와 미래의 기독교 윤리도 상황에 대한 적응이며, 가능한 것만을 할 수 있을 뿐이다. 끊임없이 앞으로 나아가는 긴장과 윤리적 작업이 완결될 수 없음은 이에 근거한다. 단지 이데올로기적인 교리 신봉자나, 믿음 안에서 모든 현세적인 것을 간과하는 열광자들만이 이를 잘못 인식한다. 믿음은 삶의 투쟁의 힘이지만, 삶은 늘 새로운 전선에서 늘 새롭게 생성되는 투쟁으로 존재한다. 온갖 위협적인 심연들이 닫히면, 이어서 늘 새로운 것이 열린다.

하나님 나라는 우리 안에 내적으로 머문다 - 그리고 이것이 모든 것을 요약하는 결과이다 - 는 그것으로 좋다. 그러나 또한 우리는 신뢰할 수 있는 부단한 작업 가운데 우리의 빛을 사람들 앞에 비추어, 그들이 우리의 결과를 보고, 하늘에 계신 우리 아버지를 찬양할 수 있도록 해야 한다. 하지만, 모든 인류의 최종적 목적은 그분의 손안에 숨겨져 있다.

Ⅲ

게오르그 짐멜:

종교사회학을 위하여

원문 출처: "Zur Soziologie der Religion" (1898)

사람들이 *하나의* 해답이 필요한 *하나의* 문제만이 있다고 생각하는 한, 종교의 기원과 본질을 둘러싼 다중적 모호성은 결코 해결되지 않을 것이다. 지금까지 아무도, 모호한 일반성 없이 모든 현상들을 포괄하면서, 기독교와 남방 군도의 종교, 부처와 귀신의 종교에 공통적인, '종교'란 무엇인가, 그 궁극적 본질을 확정해주는 그런 정의를 제시하지는 못했다. 한편으로는 단순한 형이상학적 사색에, 다른 한편으로는 귀신에 대한 신앙에 대하여 확실한 경계를 설정하기 어렵고, 그 순수하고 심오한 현상들을 부가물로부터 지키기도 쉽지 않다. 종교적 동기의 다양성은 이와 같은 그 본질의 불확정성에서 기인한다. 두려움이나 사랑, 조상숭배나 자기 신격화, 도덕적 동기나 의존감 등을 종교의 내적 뿌리로 볼 수는 있지만, 이러한 각각의 이론들은, 이들이 *유일한* 근원이라고 하면, 전적으로 잘못된 것이고, 단지 *하나의* 근원이라고 주장할 때에만 정당할 수 있다. 그 때문에, 종교의 영역에서 작용하는 모든 충동, 이념, 관계들을 목록화하고, 개별적 동기의 의미를 그 확인사례를 넘어 종교적 본질의 일반적 법칙으로 확장하는 것을 포기할 때에만, 문제의 해답에 가까워질 수 있을 것이다. 종교 너머에 존재하는 사회적 삶의 표현을 통해 종교에 대한 이해를 얻기 위해서는 이러한 유보가 필요하다. 또한, 초현세적이고, 초경험적인 것에 대한 표상들의 성립을 매우 현세적이고, 매우 경험적인 방식으로 설명하기는 하지만, 이를 통해 성립된 표상의 주관적인 감정적 가치나 그 객관적인 진리의 가치에 대한 질문을 건드려서는 안 된다는 점도 중요하게 강조되어야 한다. 이 두 가치의 영역은 우리의 단지 발생학적이고, 단지 심리학적인 연구가 그 목표로 삼는 한계를 넘어서는 것이다.

그 자체로는 전혀 종교가 아닌 상호적 관계에서 종교의 본질에 대한 단초를 발견하고자 한다면, 이미 다른 곳에서 인정된 방법을 따라가야 한다. 분명하지 않은 낮은 등급에서 일상적이고 실제적인 삶의 통찰과 경험에 기여하던 모든 인식 수단이 발전, 숙달, 정련되어 학문이 되었다는 것은 오래 전부터 인정되어 왔다. 우리의 삶에서 아직 예술은 아닌 미적인 동인들을 언어, 구체적 감각, 실제적 행동, 사회적 형성 등에서 분석하게 되면, 예술의 발생학적 이해에 이르게 된다. 이처럼 모든 고급의 순수한 형성은 처음에는 어느 정도 시험적으로, 맹아적으로, 다른 형태 및 내용과 함께 섞여서 나타난다. 그러나, 독립적인 최고의 것으로서 이를 파악하기 위해서는, 먼저 이 완성되지 않은 단계에서 그것을 찾아내야만 한다. 심리학적 이해는 그 요소들이 점진적인 발전을 통해 이행되는 연쇄 안에서 그들의 자리를 발견하는 데에 달려 있다. 다양한 단계에 걸친 유기적인 성장에 의해, 선행된 것에 있던 싹이 펼쳐짐으로써, 새롭고 고유한 것이 나타난다. 그리하여 내세에, 혹은 현세에 놓인 온갖 종류의 관계와 이해(利害) 속에서 어떤 종교적 동기를 발견하고, '종교'로서 독립적이고, 완결된 것에 이르는 단초를 발견하는 것이 종교의 성립과 존속에 대한 통찰을 돕는다. 나는 종교적 감정과 충동이 단지 종교 안에서만 표현된다고 믿지 않는다. 오히려, 이들은 다양한 결합 가운데, 다양한 경우에 함께 작용하는 요소로서 발견된다. 그 정점과 고립에 있어서만 종교는 독립적인 삶의 내용으로서, 고유한 한계를 지닌 영역으로서 성립된다. 이제 사람들 사이의 상호작용 안에서 종교적 본질의 조각들 - 소위 종교이기 이전의 종교 - 이 성립하는 지점을 발견하기 위하여, 첫 눈에 보기에는 전혀 동떨어져 있는 현상들을 통한 약간의 우회가 필요하다.

관습이, 낮은 단계의 문화 관계에서의 사회적 생활형식이라는 것은 이미 오래전부터 알려져 있었다. 후에 법으로 명문화되어, 국가권력에 의해 강요되기도 하고, 또는 훈련된 교양인의 자유에 맡겨지기도 하는, 사회의 동일한 생활조건들이, 원시적인 좁은 범위에서는 관습이라고 명명된, 개인 환경에 대한 독특하고 직접적인 감시를 통해서 보장된다. 관습, 법, 개인의 자유로운 도덕은, - 상이한 민족에게서, 상이한 시대에서도 - 전적으로 동일한 명령들을 그 내용으로 가질 수 있는 사회적 요소들의 상이한 종류의 결합이다.[1] 그리하여, 공적 생활의 많은 규범과 결과들은 경쟁적 힘들의 자유로운 행사와 고차적 요소에 의한 저차적 요소의 규정화된 감독에 의해 동일하게 지탱된다. 많은 사회적 이해관계가 종종 가족조직에 의해 보호되지만, 이는 이후에 혹은 다른 곳에서는 순수한 직업적 연합체 혹은 국가적 통치에 넘겨진다. 일반적으로 말해서, 사회생활을 구성하는 상호작용들은 늘 특정한 목적, 원인, 이해의 기초 위에 일어난다. 사회적 상호작용의 동일한 형식과 종류가 그 안에 다

---

1) (원주) 이러한 기능적 차이는 당연히 매우 중요하다: 소크라테스는, 옛것 = 그리스적인 것을 관습과 전통의 준수를 통해 지켜온 동일한 도덕적 삶의 내용을, 개인의 자유롭게 증명하는 양심을 통해 실현하고자 했기에, 죽어야 했다.

양한 내용을 담을 수 있는 것처럼, 이들, 소위 사회생활의 재료들은 지속하나, 이들이 실현되는 관계의 형식은 매우 다를 수 있다. 인간 관계들을 받아들여, 매우 상이한 내용의 전달자가 되는 이러한 형식들 중에서 - 물론 그 표기는 후에 성숙한 것의 이름으로 그 시작과 전제조건에 있는 것을 취한 것이지만 - 종교적이라고 표기할 수 있는 것이 발견된다. 이미 성립된 종교에 의해, 이러한 관계들에 그렇게 명명될 권리를 갖는 색깔을 입히는 것이 아니라, 사람들이 그 관계에서, 상호작용의 순수하게 심리적인 것에 있는 특정한 색깔을 발전시켜서, 그 향상된, 독립된, 본질에 이르도록 성장한 발전된 형태를 종교라고 부른다.

우리는 많은 인간관계들이 종교적인 요소를 품고 있는 것을 확인할 수 있다. 효심 가득한 아이의 부모에 대한 관계, 열정적 애국자의 모국 또는 열정적 세계주의자(Kosmopoliten)의 인류에 대한 관계; 노동자의 봉기하는 계급에 대한 관계나, 귀족적 자부심을 지닌 영주 자신의 신분에 대한 관계; 종속된 자의 자신에게 영향을 미치는 지배자에 대한 관계, 온전한 군인의 그 군대에 대한 관계, 무한 다양한 내용을 지닌 이 모든 관계들은 그 심리적 측면의 형식에서 볼 때, 종교적이라고 특징지을 수 있는 하나의 공통적인 색깔을 지닌다. 모든 종교성은 헌신적인 희생과 행복에 대한 열망의, 겸손과 교만의, 감각적 직접성과 비감각적 추상성의 기묘한 혼합을 포함한다. 또한 그 때문에, 일정 정도 감정의 긴장, 내적 관계들의 특정한 친밀성과 확정성, 동시에 내면적이고 인격적인 어떤 것으로 감지되는 더 높은 질서에 대한 주체의 몰입 등이 생겨난다. 나에게는 이러한 종교적 동인들이 위에 언급된 관계들을 비롯한 많은 다른 관계들에 포함되어 있는 것으로 보인다. 이는 순수한 이기주의나, 암시력, 외부적이거나 심지어 도덕적인 힘들에 기초한 관계들로부터도 구분되는 특정한 음색을 부여한다. 이러한 요인들은 어느 정도 자명한 것으로 나타나며, 가벼운 배음(倍音)처럼 이들 관계들에 수반하는데, 때로는 아주 결정적 색깔을 부여할 수도 있다. 많은 중요한 사례들에서 관계들의 발전단계들이 이러한 요인들에 의하여 특징지어 진다. 즉, 그 이전과 이후에는 인간관계의 다른 형식에 의해 수행되던 똑같은 내용이 특정 기간에는 종교적 관계의 형식을 받아들인다. 이러한 모습은 법의 제정에서 가장 분명하게 나타나는데, 법은 특정 시기나 장소에서는 종교적 인준을 필요로 하는 신정주의적 특성을 보이지만, 다른 곳에서는 국가권력과 관습에 의해 보장된다. 사회의 필수적 질서는 도덕적, 종교적, 법률적 재가가 아직 나누어지지 않은, 전혀 분화되지 않은 통일적인 형식으로부터 시작한 것으로 보인다. 인도의 다르마(Dharma), 그리스의 테미스(Themis)[2], 로마의 파스(fas)[3] 등, 다양한 역사적 상황에 따라, 상이한 형성양식들이 교대로 그와 같은 질서의 수행자로 발전된다. 전체 집단에 대한 개인의 관계에 있어서도 그와 같은 변화는 인지된다. 이러한 관계는 흥분된 애국주의의 시기에는 종교적이라고 할 수 있는 신성함, 열심, 헌신 등을 수용하지만, 다른 시기에는 전통이나 국가의 법에 따라 인도된다. 여기서 중요한 것은 인간들 사이의 관계를 다룬다는 점이고, 이러한 관계들은 전통적인 것에서 종교적인 것으로, 종교적인 것에서 법적인 것으로, 법적인 것에서 자유로운 도덕의

---

2) 그리스의 법률·질서·정의의 여신.
3) 신의 뜻 혹은 신의 계명.

형태로 이양되면서, 집합상태(Aggregatzustand)만 변화한다. 실제로 사회적으로 해가 되는 많은 비도덕적인 것들이 처음에는 교회 공동체 내의 징벌과 관련하여 형법서에 나타난다. 반유대주의는, 내용적으로 다르게 변화됨 없이, 특정 집단의 부분들 사이의 사회경제적이거나 인종적인 관계가 종교적 범주로 옮겨 갈 수 있음을 보여준다. 또한 제의적 매춘은 이전에 혹은 다른 곳에서는 순수한 전통을 통해 수행되던 성적 생활의 규칙이 종교적으로 형성된 것이라고 추정된다.

이제 이러한 사례들을 고려하여, 이전에 시사한 바 있는 잘못된 이해를 더욱 상세히 다루어야 할 것이다. 여기서 논하는 이론의 의미는, 특정한 사회적 이해나 과정들이 이미 객관적으로 성립된 종교적 존재들 아래에 놓인다는 것은 아니다. 이는 매우 자주 발생하는 일로, 역사적으로 중요한 일과 결합하고, 위에 언급된 사례들도 그러하다. 하지만, 내가 말하고자 하는 것은 반대의, 잘 눈에 띄지 않는, 잘 분리되지 않는 관계들이다. 다른 곳에서 성립한 종교성과의 유추에 의해, 사회적 요인들의 관계에서 종교적이라고 명명된 색채는, 순수한 사회 심리적 정서, 타인에 대한 가능한 행동방식 등으로 자연 발생적으로 나타난다. 반면에, 독립적이며, 고유한 실체와 관심의 표상을 따라 건설된 영역으로서의 종교는, 로마적이고, 현대적인 의미에서의 국가처럼 파생적인 어떤 것이다. 객관적이고, 대자적으로 성립된 존재로서 국가는, 사회적 요인들 사이에서 직접 지배하던 본래의 상호작용, 결합과 규칙들에 대하여 2차적인 것이다. 하지만 점차로, 그 내용의 유지와 집행권은, 그 성립된 형성물을 넘어선, 특별한 것, 국가에 넘겨지고, 포기된다. 사회적 생활의 전체 역사는 이러한 과정에 의해 진행된다. 공동생활 초기의 개인들의 직접적인 상호적 결정들은, 분리된 독립적 기관들로 성장한다. 그리하여 집단의 자기 유지에 필수적인 행동방식들로부터, 한편에서는 이를 명문화한 법률이, 다른 한편에서는 그 적용에 신성하게 복무하는 재판관 신분이 성립한다. 또한 사회적으로 필수적인 노동은, 처음에는 모든 것의 직접적 협동에서, 원(原) 경험에 따라 행해지다가, 이로부터 한편으로는 지식과 규칙의 관념적 체계로서의 기술이, 다른 한편으로는 상응하는 행위의 분화된 수행자로서의 노동자 계층이 형성된다. 이는 유사한 방식으로 - 이러한 무한히 복잡한 일들에서 무수한 변형들의 유추가 나타나지만 - 종교에서도 행해진다. 공동체의 개인은 타인에 대하여, 혹은 전체에 대하여 위에 기술된 방식으로 행동하며, 그 관계는 언급한 특정한 정도의 고양, 헌신, 성별됨, 내면성을 갖는다. 신들은 이처럼 조율된 관계의 수호자이며, 정서적 상태의 자극자로서 나타나며, 그 존재를 통하여 그때까지 단순한 관계의 형식으로, 실제적인 삶의 내용과 혼합물로 존재하였던 것을 분리하여 제시한다. 이러한 관념과 환상적 사고의 복합체는, 법이 재판관 신분을 통해, 지식적 관심이 학자 신분을 통해 추구되는 것처럼, 이제 사제직에서 그 집행권과 신성한 작업의 수행자를 획득한다. 이러한 종교의 자립과 실체화가 성공적으로 수행되면, 종교는 그 자체로서 사람들 사이의 직접적인 심리적 관계들에 다시 영향을 미치며, 이 관계들에 이제 의식적인, 구체적으로 명명된 종교성의 색채를 부여한다. 이는 종교 스스로가 본래 신세졌던 것들을 다시 돌려주는 것일 뿐이다. 종교적 표상이 이미 이전에 존재하였지만, 아직 적절한 표현을 발견하지 못했던 관계들의 단순한 공식화나 구체화가 아니었다면, 그와 같이 놀랍고도 혼란스러운 표상들이 사람들 사이의 관계에서 그 힘을 얻지는 못했을 것이다.

이러한 논의의 사유(思惟) 동기는 매우 일반적이고, 광범위한 규칙으로서 표현된다. 유물론적 역사이해도 그중 하나이다. 이는 역사적 삶의 전체 내용이 경제적 형식에서 유래하며, 관습과 법률, 예술과 종교, 학문적 활동과 사회적 구조 등은, 집단이 그 물질적 존재의 조건들을 생산해내는 양식에 의해 규정될 수 있다고 봄으로써, 매우 포괄적인 과정의 부분적 현상을 그 하나의 내용으로만 몰아간다. 사회적 삶의 형식과 내용의 발전은, 그 영역과 출현 방식의 다양성을 통해, 동일한 내용이 다양한 형식으로, 동일한 형식이 다양한 내용을 담아 펼쳐지는 방식으로 이루어진다. 역사 속의 사건들은, 그 안에 온갖 주어진 동인들의 총합을 통해 해결할 수 있는 경향이 존재하는 것*처럼* 배열된다. 이는 분명히, 역사가 단순히 단편적 동인들의 합이 아니라, 오히려 전후로 혹은 나란히 친화적으로 결합하는 근거가 된다. 사회적, 문학적, 종교적, 개인적인 삶의 개별적 형식은, 그 개별적 내용과의 결합을 넘어 지속하며, 변하지 않은 채로 새로운 것에 부여된다. 개별적 내용도 서로 분리된 수많은 형식들을 관통하여 그 본질적인 상태를 유지할 수 있다. 이는 역사적 사건에서 그 연속성이 파괴되는 것을 막아주며, 이해할 수 없는 도약, 모든 이전의 사건과의 관련성의 단절이 일어나는 것을 방지한다. 범주의 발전은 일반적으로 감각적인 것, 외적인 것으로부터 정신적인 것, 내면적인 것의 강조로 진행되기에, - 때로는 이러한 영향의 방향을 다시 전환하기 위하여 - 경제적 삶의 동인들은 매우 빈번하게 추상성과 정신적인 형식으로 향상되며, 경제적 관심을 형성하는 형식들이 전혀 다른 삶의 내용에까지 확장된다. 그러나 이는 역사에 있어 연속성과 최대한의 절약 원리가 제시되는 경우들 중의 *하나*일 뿐이다. 가족법에서 국가지도의 형식이 반복된다면, 지배적 종교가 예술적 수행에 관념과 정서를 제공한다면, 빈번한 전쟁이 개인들을 평화 시에도 잔인하고 공격적으로 만든다면, 정당을 구분하는 노선이 전혀 비정치적인 영역을 관통하여 진행되고, 문화적 삶의 다양한 경향들이 그에 따라 분할된다면 - 이는 모두 이러한 역사적 삶의 두드러진 특징들의 표현이며, 그 가운데 유물론적 역사이론은 한 단면만을 비춰줄 뿐이다. 이러한 특징은 여기서 우리가 다루는 발전을 잘 보여주는데, 그 발전은 사회적 관계의 형식들이 종교적 표상 세계로 압축되거나, 정신적인 것으로 승화되는, 혹은 기존의 것에 새로운 요소를 끌어오거나, 혹은 다르게 보면, 개인 간의 상호작용의 형식에서 성립된 특정한 정서적 내용이 초월적 관념에 대한 관계로 전이되는 것이다. 이는 사람들 사이의 관계에 그 기원을 갖는 형식이나 내용이 누릴 새로운 범주를 형성한다. 나는 이러한 일반적 사유를 종교적 본질의 몇 가지 특별한 측면에서 증명하고자 시도할 것이다.

사람들이 종교의 본질적인 것으로, 실체로서 얘기하는 믿음은, 처음에는 *사람들 사이의* 한 관계로서 나타난다. 중요한 것은 *실제적* 믿음이며, 이는 이론적 진리의 낮은 단계 혹은 약화가 결코 아니기 때문이다. 내가 신을 믿는다고 말한다면, 이 믿음은 빛의 에테르 존재나 인간성의 불변, 달에 사람이 산다고 믿는 것과는 전혀 다른 어떤 것을 의미한다. 이는 엄격하게 증명될 수는 없지만, 그런데도 신의 현존을 받아들인다는 것이며, 나아가 그에 대한 특정한 내적 관계, 정서적 헌신, 그를 향한 삶의 지향성 등을 의미한다. 이 모든 것에는 인식적 의미에서의 믿음과 실제적인 충동 및 감정 상태의 독특한 혼합이 존재한다. 인간의 사회화 과정에서 이에 대한 유추가 가능하다. 우리는 결코 우리의 상호작용을 서로 증명할 수 있는 것에만 기초하여 건설하지 않는다. 오히려 우리의 감정과 암시는 단지 믿을 만하다고 할 수 있는 특정 표상들로 표현되며, 이는 다시 실제적 관계에 영향을 준다. 우리가 누군가를 믿는다고 하는 것, 자녀가 부모, 부하가 상사, 친구가 친구, 개인이 국민, 신하가 영주를 믿는다고 하는 것은 매우 특징적이면서도, 정의하기 어려운 사실이다. 이러한 믿음의 사회적 역할은 전혀 연구된 바 없지만, 믿음이 없다면 사회가 와해될 것은 분명하다. 예를 들어, 복종은 여러 가지로 믿음에 근거한다. 수많은 경우에 복종의 관계는 정당성과 우월성에 대한 특정 지식이나, 단순한 애정 및 영향 관계가 아닌, 우리가 인간이나 인간집단에 대한 믿음이라고 일컫는 인간 사이의 심리적인 형성물에 근거한다. 사람들은 종종 개인이나 전체 계급이, 충분히 해방될 힘을 지녔음에도 불구하고, 억압받고, 착취되는 이해할 수 없는 상황을 예로 든다. 여기에는 상급자의 권력, 공로, 우월성, 선의 등에 대한 호의적인, 무비판적 *믿음*이 작용한다. 이 믿음은 결코 불안정한 이론적 가정이 아니라, 지식, 직관, 감정에서 자라나서 합쳐진, 독특한 형성물이지만, 단순하게 통일적으로 그저 믿음으로 표시된다. 모든 이해 가능한 증거에 반하는, 확실히 모순적인 외관에도 불구하고, 한 인간에 대한 믿음을 고집한다는 것, 이것이 인간사회를 결속시키는 가장 확고한 유대 중의 하나이다. 이제 이러한 믿음은 중요한 종교적 성격을 지닌다. 이는 종교가 먼저 존재하고, 그로부터 언급한 사회적 관계들이 그 특성을 빌려 왔다는 의미가 아니다. 나는 오히려 종교적 자료에 대한 고려 없이, 순수한 개인 간의 심리적 관계의 형식으로 - 이후에 종교적인 믿음에서 순수하고 추상적으로 나타나는 - 이러한 연대가 성립한다고 믿는다. 신적인 것에 대한 믿음에서 소위 믿음의 순수한 과정이 구체화하고, 그 사회적 대응 부분에 대한 연결로부터 분리된다. 여기서는 반대로 주관적 믿음의 과정으로부터 그 객관적 대상이 자라난다. 사회적 필요성으로서 인간관계를 따라 존재하던 믿음이, 이제는 자연 발생적으로, 내적으로 증명되는, 독립적인, 인간의 전형적 기능이 된다. 우리 안에 있는 특정 대상이 특정한 심리적 과정을 만들지만, 후에 이러한 과정이 독립해서, 상응하는 대상 자체를 형성하는 것은 결코 드문 현상이 아니다. 일상적인, 혹은 특별한 내용을 지닌 사람들 사이의 실제적 교류는, 그 전달자로서 믿음이 갖는 심리적 형식을 다양하게 제시한다. 믿음에 대한 필요는 그 안에서 성장하고, 이를 통해 그리고 이를 위해 창조된 고유한 대상들에게서 이에 대한 증명을 만든다. 사랑이나 존경의 충동에서처럼, 그 자체로는 이러한 감정이 결코 야기될 수 없지만, 그 자격조건이 주체의 필요에 의해서 자신으로부터 대상에 반영되어, 투사될 수 있다. 이는 다른 측면에서 보면, 세계를 만든 신이 인간적 인과관계의 필요의 산물로서 기술되는 것과 마찬가지다. 이러한 주장이 내적으로 기인하는 동기 자체는 의문시 되지만, 그런데도 현실에 부합하는 객관적인 진실을 소유하고 있다는 것은 결코 부인할 수 없다. 그 기원영역, 경험적이고 상대적인 것에 대한 무한히 반복되는 인과성의 적용은 결국 그 필요가 절대자에 이르게 된다고 사람들은 가정한다. 그 충족은 본래 절대의 영역에서 거부되었지만, 이제 세계의 원인인 절대적 존재의 표상을 통해 제공된다. 동일한 과정이 믿음을 그 사회적 기원영역을 넘어 거의 생물학적 필요 욕구에 이르게 하고, 신적인 것의 표상에서 그 절대적 대상을 만들어낸다.

종교적 본질로 상응하여 형성되는, 사회적 본질의 두 번째 측면은 *통일성*(Einheit)의 개념이다. 우리는 사물의 다양한 관련 없는 인상들을 단순하게 받아들이는 것이 아니라, 이를 하나의 통일체로 결합하는 연합과 상호작용을 추구한다. 우리는 현상들의 혼란을 통과하는 길을 발견하기 위하여, 도처에서 개별현상들에 대한 상위의 통일성과 중심의 존재를 전제한다. 이는 확실히 사회적 현실과 필요성을 따라 자라난 특성이다. 씨족, 가족, 국가, 그리고 온갖 목적단체에서, 사람들은 개별 요소로부터 직접, 또한 분명히 느낄 수 있도록 전체를 생산해낸다. 또한, 그 분리된 상태와 자유로운 움직임은 중심성의 존재에 의해 활동적으로 통제된다. 원시적 통합이 종종 10인 공동체(Zehentschaften)로 조직되었다면, 이는 확실히 집단 구성원들의 관계가 손과 닮은 것임을 시사한다. 개인의 상대적 자유와 독립적 움직임은 공동작용의 통일성과 존재의 불가분리성 안에서 결합한다. 모든 사회적 생활은 상호작용이면서, 또한 그와 함께 통일체이다. 다수가 상호 결합하고, 각자의 운명이 타인에 관련되는 것 외에 무엇이 통일체이겠는가? 간헐적으로 사회의 통일성에 반대하는 투쟁이 있고, 개인의 자유를 위해 자신을 그 통일체로부터 떼어내려 하고, 가장 작고 소박한 결합체에서도 통일은 - 유기체의 구성 부분들의 통일처럼 - 자명한 것으로 실행되지는 않는다는 사실 등은, 통일성이 존재의 특별한 형태와 특별한 가치로서 인간의 의식에서 승화되어야만 함을 알려준다. 처음에 사회적 영역에서 가까워진 사물들과 관심들의 통일은 신적인 것의 관념에서, - 유일신교에서는 완전한 형태로, 낮은 단계의 종교들에서도 상대적으로 - 순수하고, 모든 물질들로부터 해방된 묘사를 발견한다. 사물의 다양성과 대립됨이 그 안에서는 연관과 통일로 발견되는 것이 신 관념의 심오한 본질이다. 이는 이제 *한 신*의 절대적인 통일성, 혹은 존재의 개별영역에 관련된, *다신*의 부분적인 통일성이 된다. 예를 들어 고대 아랍인의 사회적 삶은 부족적 통일성의 지배적 영향을 통해 이미 유일신교를 잠재적으로 형성하고 있었다. 유대, 페니키아, 가나안과 같은 셈족들에게는 그 사회적 통일과 변화의 방식이 그 신적 원리의 특성에 분명히 반영되어 있다. 가족의 통일성이 지배적 생활형식인 한, 바알은 아버지를 의미하며, 백성들은 아이들처럼 그에게 속한다. 사회적 공동체가 낯선, 혈연이 아닌 갈래를 포함하는 정도에 따라, 바알은 객관적인 지위에 오른 지배자가 된다. *사회적* 통일성이 친족적 성격을 상실하면, 종교적 통일성도 그렇게 되어, 그로부터 분리된 순수한 형식으로 나타난다. 성(性)의 분리를 넘어 나타나는 통일성도 특별한 종교적 유형을 형성한다. 시리아, 아시리아, 리디아 등에서 의미 있게 나타나는 성적 대립의 심리적 제거는 이러한 대립이 통일적으로 합쳐지는, 반(半) 남성적인 아스타르테(Astarte), 양성적인 산돈(Sandon), 성적 상징이 달의 여신과 교체되는 태양의 아들 멜카르트(Melkarth)와 같은 신의 표상들에서 완성된다. 여기서 중요한 것은, 너무나 보편적이어서 증명을 요구하지 않는, 인간이 신에게서 자신의 모습을 그려낸다는 사소한 명제가 아니다. 중요한 것은 그 발전과 향상이 인간적인 것을 넘어 신들을 창조해 낸, 인간적인 것의 개별적 성향을 발견하는 것이다. 신들은 개인적 성격, 힘, 도덕적 혹은 비도덕적 특성, 개인의 경향과 필요의 이상화 가운데 성립할 뿐 아니라, 사회적 삶의 개인 간의 형식이 다양하게 종교적 표상에 내용을 제공한다는 것을 인식하는 것이 중요하다. 사회적 기능의 특정한 측면과 특정한 강도가 그 순수하고, 추상적이면서, 동시에 구체화한 형태를 가정함을 통해 종교적 대상을 만든다. 그러므로 종교는, 그 경험적 내용으로부터 해방되어, 독립적으로 고유한 실체에 투사되는 사회적 관계의 형식들에서 성립한다고 말할 수 있다.

어떻게 집단의 통일성이 종교적으로 발전된 기능에 속하게 되는지를, 두 종류의 고찰이 분명히 한다. 집단이 통일을 형성하면, 이는 특히 원시시대에서는, 외부자에 대한 모든 관계와는 반대로, 내부적으로는 투쟁 혹은 경쟁의 종식을 통해 작동하고, 표시된다. 아마도 경쟁이 없는 이러한 존재의 형식, 목적과 이해의 동질성을, 종교적 영역처럼 순수하고, 철저하게 묘사하는 단일영역은 없을 것이다. 그러나 내부적 집단생활의 두드러진 평화적 성격은 단지 상대적이다. 동질적인 목표에서 동료들을 배제하고, 욕망과 만족 사이의 불일치를, 타인을 희생해서라도 가능한 개선하여, 최소한 타인과 구별되게 자신의 행위와 향유의 가치척도를 추구하는 시도들이 내부의 다양한 추구성향들과 결합하여 드러난다. 하지만, 예수의 아름다운 말씀에 의하면, 하나님의 집에는 모두를 위한 자리가 예비되어 있기에, 아마도 종교적인 영역에서만은, 개인의 힘이 서로 간의 경쟁에 휘말리지 않고, 완전하게 펼쳐질 수 있다. 목적은 모두에게 공통적일지라도, 모두가 도달할 가능성을 지니고, 상호적 배제가 아닌, 반대로 상호 간의 연결이 이루어진다. 성찬은, 종교가 모두에게 동일한 목적을 모두에게 동일한 수단을 가지고 이룬다는 것을 표현하는 심오한 의미의 양식임을 기억한다. 또한, 통일에의 융합이 성적인 광란에서 절정에 이르는 원시 종교의 원초적 향연으로부터, 순수한 형태로 개별 집단을 넘어 확장되는 '사람들에게 평화'(Pax hominibus)의 표현에 이르기까지, 동일한 종교적 자극에 관련된 모든 이들의 통일이 외적 가시성으로 드러나는 것은 무엇보다도 축제임을 상기한다. 그러나, 통일을 집단의 생활형식으로 조건 짓는 경쟁 없음은 늘 상대적이고 부분적으로만 지배할 수 있으며, 종교적 영역에서만 절대적이고, 강력하게 실현된다. 믿음에서처럼 여기서도 종교는, 형식과 기능으로서 집단의 생활을 규율하는 것을 실체로서 묘사하며, 확실히 이를 실체화하는 데서 성립한다고 말할 수 있다. 이는 이제 다시 사제직에서 그 인격적 형식을 획득하고, 특정 계급과 역사적으로 결합함에도 불구하고, 그 기본사유에 의하면 *모든* 개인들을 넘어서고, 이를 통하여 그 이상적 생활내용의 교차점 및 통일을 형성한다. 가톨릭의 독신주의는 사제들을 이러저러한 요인 및 요인복합들에 대한 온갖 *특별한* 관계로부터 해방시켜, 모든 일에 대해 동일한 관계를 가능하게 해 주었다. 이는 모든 개인 위에 있는 '사회'나 '국가'가 여러 결합들을 그 밑으로 끌어들이는 추상적 통일체로 작동하는 것과 비슷하다. 개별적인 어떤 것을 언급하자면, 교회는 전체 중세시대에 걸쳐 모든 작은 기부행위가 유입될 수 있는 저수지를 형성함으로써, 모든 자선의 욕구에 대한 커다란 편의성을 제공했다. 타인의 호의를 위해 소유를 단념하고자 하는 자는 어떤 방식으로 이를 가장 잘 이룰 수 있을지 고민할 필요가 없었다. 이를 위해 기부자와 필요자 사이에 포괄적인 중심기관이 이미 거기에 있었다. 집단 내의 사회적 관계형식 중 하나인 자선은 교회에서 개인을 넘어서는 조직과 통일성을 획득했다.

유사하게 이와 같은 관계의 이면 - 하지만 동일한 핵심을 가리키는 - 은 '이단'에 대한 태도를 형성했다. 많은 대중을 이단에 대한 혐오와 도덕적 정죄로 몰아가는 것은 확실히, 대중들이 거의 이해할 수 없는 가르침의 교리적 내용에서의 차이가 아니라, 전체에 대한 개인의 *대립*이라는 사실이다. 이단과 분리주의자에 대한 박해는 집단에 필수적인 **통일**에 대한 본능에서 기인한다. 특히, 이러한 종류의 많은 경우에서 종교적인 이탈은, 중대한 상황에서의 집단의 통일과 긴밀하게 관련된다. 사회적 통일의 욕구는 오직 종교에서 그 순수하고, 추상적이고, 동시에 실체적인 형상을 취하며, 실제적인 이해와의 결합을 요구하지 않는다. 분리주의는 통일을, 즉 그와 같은 집단의 생활형식과 그 이상을 위협하는 것으로 보인다. 수호신이나 그 밖의 집단성의 상징들이 실제로는 이것과 직접적인 관계는 없지만, 그런데도 그에 대한 공격은 격렬한 반응을 유발하는 것처럼, 종교는 가장 순수한, 모든 구체적인 개별성을 넘어선 사회 통일성의 형식이다. 이러한 성격은, 내용상으로 부적절하다고 보이는 온갖 이단들과의 투쟁에서 나타나는 열심을 통해 확인될 수 있다.

결국, 개인과 도덕적이라고 얘기되는 집단 사이의 이러한 내적 연결은 신과의 관계에 대한 깊은 유추 - 후자가 전자의 압축이자 변형이라는 - 를 제공한다. 전자의 비밀스러운 관계의 풍부함은, 우리가 신적인 것이라고 감지하는 작용의 다양성 가운데 반영된다.

강제하고 처벌하는 신, 사랑의 신, 우리의 사랑에 응답하지 않는 스피노자의 신, 우리에게 행동의 명령과 함께 이에 복종할 힘을 부여하거나 앗아가는 신, 이들이 바로 집단과 그 개인 간의 윤리적 관계가 그 힘과 대립을 펼쳐가는 징표들이다. 모든 종교의 본질을 바라볼 때에, 그 안에 의존감 같은 것이 나타난다. 개인은 자신이 그로부터 흘러오고, 그 속으로 흘러 들어가는 어떤 보편적인 것, 숭고한 것에 매여있다고 느끼며, 또한 이에 대해 차별화 및 동일시하며, 고양과 구원을 기대한다. 신의 표상에서 하나의 초점과도 같이 마주치는 이러한 모든 감정들은 개인이 그 유(類)에 대해 갖는, 한편으로는 그에게 존재의 주요한 형식과 내용을 전달한 지난 세대에 대한, 다른 한편으로는 자신들의 형성과 그 전개의 정도를 결정하는 동세대에 대한 관계로 귀속된다. 모든 종교가 조상숭배, 선조, 특히 영웅 및 지도자들의 살아있는 영혼에 대한 숭배와 조정으로부터 시작되었다는 이론이 옳다면, 이러한 관련성은 확인될 수 있다. 우리는 우리 앞에 있었던 것, 가장 직접적으로는 자손들에 대한 아버지의 권위에 집중된 것에 의존하고 있기 때문이다. 다른 동기들도 제시되기는 하지만, 조상, 특히 능력과 영향력 있는 이들의 신격화는, 시간상으로 앞선 집단의 삶에 대한 개인 의존성의 합목적적 표현이다. 경건한 자가 자신의 존재와 가진 것 모두를 신의 덕분으로 고백하며, 신에게서 그 존재와 힘의 원천을 보게 하는 겸손함은, 정확하게 전체에 대한 개인의 관계로 옮겨진다. 신에 대하여 인간은 완전히 아무것도 아닌 존재는 아니며, 단지 먼지와 같은, 미약하지만, 전적으로 공허한 힘은 아닌, 그 내용을 담을 수 있게 받아들여진 하나의 그릇이다. 모든 잡다한 것들, 의지와 존재의 모든 대립과 차별성, 특히 우리의 내면적 삶의 이해가 그 안에서 원천과 동시에 통일성을 발견하는 것이 설명된 신 관념의 본질이라면, 우리는 사회적 전체를 바로 그 자리에 놓을 수 있을 것이다. 변화하는 적응의 결과로서 우리에게 유전된 온갖 충동, 우리가 서 있는 수많은 관계들, 때로 통일되기 힘든 세계의 다양한 측면들을 파악하는 기관의 형성이 유래한 곳이 바로 사회적 전체이다. 사회적 집단은 이러한 다양한 발산의 실재적 통일지점으로 간주하기에 충분한 통일적인 어떤 것이다. 영주들의 신적 기원은 그들 손에 권력을 완전히 집중케 하는 표현일 뿐이다. 사회적 통일성, 개인에 대한 전체의 객관화가 확실한 정도에 도달하면, 이는 초월적인 힘으로 나타난다. 직접 사회적인 것으로 인식되든, 혹은 신 관념의 외관에서 비치게 되든 간에, 동일한 방식으로, 자신의 의무를 완수하기 위하여 개인이 얼마나 행할 수 있고, 행해야 하는지, 이러한 것이 얼마나 초월적 원칙으로부터 발생하는지의 문제가 제기된다. 권력에 대한 관계에서 개인의 독립성은 - 개인은 권력으로부터 독립적인 힘을 부여받고, 권력은 그 목표와 방법을 결정한다 - 여기저기서 문제가 된다. 아우구스티누스는 개인을, 신에 대해서처럼, 역사적 발전에 대해 독립적이지 않고 무기력한 존재로 설정한다, 그리하여 신인 협력설(Synergismus)의 질문은, 정치사에서처럼, 전체 교회사를 관통하여 존재한다. 엄격한 종교적 이해에 따르면 개인은 단지 신의 은총 혹은 진노의 그릇이듯이, 사회주의적 이해에서도 개인은 보편에서 출발한 작용의 그릇이다. 두 경우 모두 개인의 본질과 권리에 대한 동일한 윤리적 기본질문을 반복하고, 양자의 형식에서 초월적 원칙에 대한 개인의 헌신은 종종, 그 자신에 의존하는 개인성이 더

는 내적인 존립능력을 지니지 못한 때에야, 최후의, 하지만 아직 가능한 충족을 제공한다.[4]

신을 이와 같은 인간에게 요구되는 덕목의 직접적 인격화로 이해하는 것은, 이러한 종교적, 윤리적-사회적 표상들의 배치에서 매우 의미 있는 것이다. 신은 선, 정의, 인내 등의 성격들을 *갖기*보다는, 그 자체*이다*. 표현 가운데 발견되는 것처럼, 신은 실체에 있어 완전함으로 표상된다. 그는 '선 자체'이며, '사랑 그 자체'이다 등등. 인간의 서로에 대한 태도에 관한 명령인 도덕성은 그 안에서 소위 지속적인 형식을 획득한다. 실제적인 믿음이 상호적 관계형식을 넘어서 절대적인 것으로 형성된 인간 사이의 관계인 것처럼; 통일성이, 사물의 통일이 신적인 것이 나타나는 개인적인 형식으로 발전한, 함께 살아가는 사람들의 관계형식인 것처럼; 도덕은, 집단 이해관계를 제재하는 인간의 인간에 대한 태도의 형식들을 포함하고 있다. 그리하여 상대적인 내용이 절대적인 형태로 제시된 신은, 한편으로는 개인에 대하여 요구하고, 제공하는 집단의 역할을 대신하며, 다른 한편으로는 개인이 행해야만 하는 윤리적-사회적 행동방식을 상대성에서 끄집어내어, 절대적 실재성으로 표상한다. 인간의 서로에 대한 관계는 다양한 이해관계에서 싹터서, 대립적인 힘들에 의해 수행되며, 상이한 형식으로 만들어지며, 그 외부에 있는 존재에 대한 관계와 독립을 우리가 종교라고 명명하는, 집합상태에 이르게 된다. 이를 통해 이러한 관계는 추상적이면서, 동시에 구체적이 되고, 종교가 이러한 관계에 역작용하는 힘은 이러한 이중적 발전에 기인한다. 모든 인간적인 것은 상대적인 반면에, 신은 절대적이라

---

4) (원주) 이러한 입장은 나의 '도덕학 개론'(Einleitung in die Moralwissenschaft) 1권에서 취하였다.

는 옛 관념은 여기서 새로운 의미에 이른다. 신적인 것의 표상에서 그 본질적이고, 이념적인 표현을 발견하는 것은 사람들 사이의 관계이다.

세계상의 토대 위에 추구되는 이와 같은 연구들은, 보통 그 유효 범위가 충분히 포괄적이기를 바라지만, 여기서는 반대로, 주장된 관계가 그 한정된 경계를 넘어, 인접 영역에 대한 권리를 주장하지 않도록 주의해야 한다. 이 연구는 종교 생성의 역사적 과정을 기술하는 것이 아니라, 수많은 원천들 중 하나만을 지적하고, 아직 - 종교적이 - 아닌 것의 영역에서 기원한 다른 것들과 조우하여, 그 합류를 통하여 종교를 만들어내는지; 혹은 여기서 관찰된 종교적 본질의 원천이 지류로서 그 흐름에 유입되었다면 - 그 영향력이 특정한 역사적 순간과 결합한 것은 아닌 -, 종교가 그 본질과 상태를 이미 발견했다고 할 수 있는지를 충분히 제시하여야 할 것이다. 또한 영적 실재로서의 종교는 결코 완성된 사물이나, 확정된 실체가 아니고, 전승된 내용의 확고함 가운데서, 모든 영혼들이 매 순간 스스로 만들어내는, 살아있는 과정이다. 종교적으로 주어진 것을 늘 새롭게 형성되는 감정의 흐름 속으로 지속해서 끌어오는 이러한 요구에 - 항상 변화하는 물방울들이 무지개의 견고한 형상을 생산해 내는 것처럼 -, 바로 여기에 종교의 힘과 깊이가 놓여 있다. 그 때문에 발생학적 설명은 그 전승의 역사적 기원뿐 아니라, 조상들로부터 전승된 종교적인 보물 속에 있는 것을 현재에 소유할 수 있도록 해주는 당대의 활력을 포함해야 한다. 이러한 의미에서 종교의 '기원'(Ursprung) 시기 한참 이후에야 나타나고, 영향을 미치는 종교의 실재적 '근원들'(Ursprünge)이 있다.

그러나 역사적인 형성이론의 아첨을 막는 것보다, 종교의 객관적 진리에 대한 질문을 그 관련성에서 배제하는 것이, 이러한 연구를 위해서 한층 더 중요하다. 종교의 성립을 인간의 삶에 있어 하나의 사건으로서, 이러한 삶의 내적 조건으로부터 파악하는 것에 성공한다 할지라도, 인간적 사유의 외부에 놓인 객관적인 실재가 이러한 심리적 실재의 대응물 혹은 증거물을 품고 있는지의 문제는 전혀 다루어서는 안 된다. 인지 심리학은 우리의 세계상이 왜 공간적으로 확장된, 3차원적으로 펼쳐진 것인지를 이해할 수 있게 만들려고 시도하지만, 우리의 표상을 넘어 물 자체(Ding an sich)의 세계가 동일한 형식으로 성립되는지를 확인하는 것은 완전히 다른 탐구이다. 물론 도처에서, 내적인 사실의 설명이 단순한 내적 조건만으로는 더 이상 충분하지 못하고, 외적인 실재가 내적인 것의 원인 범위를 포함하게 되는 지점에 도달하게 되기도 한다. 하지만, 이러한 가능성 혹은 필요성은 단지 종교의 본질과 성립을 완전히 규명하려는 사람들에게서 만나게 될 뿐, 종교적 초점에서 만나는 광선 중 하나의 방향만을 좇아가는 우리에게는 해당하지 않는다.

결국 가장 중요한 것은, 종교의 정서적 의미, 즉 내면의 심성에 다시 비치는 신적인 것의 표상적 작용은, 이들 표상이 어떻게 성립되었는가의 가정과는 완전히 독립적이라는 것이다. 이러한 입장은 이념적 가치에 대한 모든 역사적-심리학적 추론들이 갖는 가장 심각한 오류이다. 그 성립이 더는 파악할 수 없는 기적, 무로부터의 창조가 아니면 - 생성의 파악이 생성된 것의 가치에 문제가 되는 것처럼, 출발점의 낮음이 목표에 도달한 높이를 끌어내리는 것처럼, 개별적 요소의 흥미를 불러일으키지 않는 단순함이 이러한 요소들의 공동작용, 형성, 결합에서 성립된 생산물의 의미를 파괴하는 것처럼 - 그 이념의 매력이 떨어지는 것처럼, 감정의 가치가 격하되는 것처럼 느끼는 많은 사람들이 언제나 존재한다. 이는 인간이 저급한 동물의 종으로부터 유래하였기에, 인간의 위엄이 손상된다고 믿는 것과 같은 어리석고 혼란된 태도이다. 이러한 위엄은 그가 어떤 출발점에서 형성되었든지 간에, 그가 현재 *존재하는* 것에 근거한다. 저들은 늘 종교의 이해를 아직 종교가 아닌 것으로부터 끄집어내려고 노력하는 것에 반대할 것이다. 그러나 그 역사적-심리적 유래를 거부함으로써 종교의 가치를 정당하게 유지할 수 있다고 믿는 바로 그들이, 종교의식을 약화한다고 비난받을 수도 있다. 그 의식이 형성과정의 인식을 통하여 위협받거나, 또는 흔들린다고 믿는다면, 그 내면적 확고함과 감정의 깊이가 미미하다고 할 수 있기 때문이다. 한 인간에 대한 진정한 깊은 사랑은 그 성립근거에 대한 추후의 확인에 의해 흔들리지 않는 것처럼, 정말로 그 승리의 힘은 이전의 모든 성립근거가 사라져도 흔들림 없이 지속하는 데 있는 것처럼, 주관적인 종교적 감정의 모든 힘은, 인식을 되돌릴 수 있는 모든 기원을 뛰어넘어 그 깊이와 내면성을 설정하는, 자신 속에 잠들어 있는 확신에 의해 증명된다.

부록 1

막스 베버,
『프로테스탄트 윤리와 자본주의 정신』

Max Weber, Die protestantische Ethik und der 'Geist' des Kapitalismus. In: *Archiv für Sozialwissenschaft und Sozialpolitik* 20 (1904), 1-54 und 21 (1905), 1-110, *überarbeitet in Gesammelte Aufsätze zur Religionssoziologie* (1920-21) I 1-206.
역서: 김덕영, 『프로테스탄티즘의 윤리와 자본주의 정신』, 길, 2010 등.

1. 저자 소개

　산업혁명 이후의 급격한 사회변화는 기존의 학문으로 설명할 수 없는 여러 현상들을 야기했다. 이러한 배경 하에 19세기에서 20세기로 넘어가는 과정 가운데 사회학이라는 새로운 학문이 탄생하였고, 이러한 사회학의; 태동기를 이끈 가장 중요한 인물 중 하나가 바로 막스 베버(Max Weber: 1864-1920)이다. 베버는 1864년, 마틴 루터가 대학을 다니기도 했던 독일 튀링겐의 주도 에어푸르트(Erfurt)에서 태어났다. 그의 집안은 본래 초기 자본주의적 가내 공업(섬유계통)에 종사하고 있었고, 칼빈주의적 신앙의 영향이 강한 가계였다. 이러한 배경은 후에 그의 대표적 저서인 "프로테스탄트 윤리와 자본주의 정신"에 나타난 두 가지 중요한 요소, 즉 '프로테스탄트 윤리'와 '자본주의'로 연결된다. 그의 아버지도 막스라는 같은 이름이었는데, 그는 변호사 출신으로 시 의원 및 국회의원을 지내기도 하였다. 그는 또한 당시 저명했던 여러 학자들과 교류하여, 어린 막스에게 지적인 환경을 제공해 주기도 하였다.

　막스 베버는 1882년 하이델베르크(Heidelberg) 대학 법학과에 진학하였고, 1889년에는 베를린(Berlin) 대학에서『중세 상업회사의 역사』(*Die Entwicklung des Solidarhaftprinzips und des Sondervermögens der offenen Handelsgesellschaft aus den Haushalts- und Gewerbegemeinschaften in den italienischen Städten*)라는 이름의 논문으로 박사학위를 취득하였다. 이후 1892년에는 역시 베를린 대학에서 『로마 농업사』 (*Die römische Agrargeschichte in ihrer Bedeutung für das Staats- und Privatrecht*) 로 교수자격(Habilitation)을 취득하였다. 1894년에는 30세의 나이로 프라이부르크(Freiburg) 대학의 경제학 교수로 초빙되고, 1896년에는 다시 하이델베르크 대학으로 자리를 옮긴다. 하이델베르크 대학 시절 베버는 트뢸치(Ernst Troeltsch)와 어울리며, 소위 베버 써클을 이루기도 활동하였다(이 모임은 1918년까지 지속되었다). 그러나 1899년 이후에는 건강 문제로 강의를 중단하고, 학위심사권을 갖는 명예교수로만 활동하였고, 결국 1903년에는 교수직을 사임하였다. 이후 그는 좀바르트와 함께 『사회과학과 사회정책 논총』(*Archivs für Sozialwissenschaften und Sozialpolitik*)의 편집에 전념하였고, 이 시기(1904년)의 미국 여행은 개신교의 영향력에 대한 베버의 사상에 큰 영향을 미쳤다. 1909년에는 퇴니스(Ferdinand Tönnies), 짐멜(Georg Simmel), 좀바르트 등과 함께 독일 사회학회(Deutsche Gesellschaft für Soziologie)를 결성하기도 하였다.

제1차 세계대전 기간 그는 정치적으로 활동하기도 하는데, 베르사유 회담에는 독일 대표단의 일원으로 참가하기도 하였다. 전후에는 독일민주당(Deutschen Demokratischen Partei)을 결성하여 직접 선거에 뛰어들기도 하였으나, 선거에는 패배하였다. 한편으로, 전쟁 기간 중 그는 종교사회학 연구에 몰두하여, 『세계종교와 경제윤리』 (*Die Wirtschaftsethik der Weltreligionen*)를 연달아 간행하는데, 이는 이후 다시 『종교사회학 논총』(Gesammelte Aufsätze zur Religionssoziologie)
으로 묶여서 출판되었다(교정을 완료하기 이전에 베버가 사망한 관
계로 결국 완성된 저작은 베버 사후인 1920-21년에 걸쳐 출간되었
다). 1919년에는 다시 뮌헨(München) 대학의 경제학 교수로 초빙
되지만, 1년 후인 1920년 폐렴으로 사망하게 된다. 베버 사후 그의
사회학적 사고를 총 집대성한 미완의 걸작 『경제와 사회』(Wirtschaft
und Gesellschaft)가 아내 마리안느 베버(Marianne Weber)에 의해 출
간되기도 하였다. 베버는 마르크스(K. Marx), 뒤르켐(E. Durkheim)
과 더불어 근대 사회학의 건설자 중 하나로 불리며, 이후 종교사회
학, 문화사회학, 정치학, 경제사회학 등에 심대한 영향을 미쳤다.
또한 학문하는 방법에 있어서의 이념형(Idealtyp)의 사용, 가치판단의 배
제, 이해사회학적 방법 등은 사회학 연구에 지금까지 중요하게 작용하고
있고, 심정 윤리(Gesinnungsethik)와 책임 윤리(Verantwortungsethik)의 구
분, 탈주술화(Entzauberung), 카리스마(Charisma)와 같은 용어들은 현재에
도 사회학의 중요한 개념으로 널리 사용되고 있다.

2. 책의 등장 배경

앞서 언급한 것처럼 사회학의 형성 배경은 산업화에 따른 사회변
동과 관련이 있다. 그중 많은 사람의 관심을 끈 현상 중 하나는 자본
주의라는 새로운 경제체제의 등장이었다. 이에 대한 선구적인, 그리
고 매우 영향력 있는 분석을 행한 이가 바로 마르크스이다. 마르크
스는 그의 유물론적 역사관을 통해 자본주의가 등장하게 된 과정을
제시하고 있다. 베버 또한 마르크스의 이러한 업적은 충분히 인정

하면서도, 마르크스의 연구가 '일면적인 유물사관'이라고 비판한다. 결국, 이러한 유물론적 설명을 보완하려는 의도에서, 베버는 '역사나 문화에 대한 정신적·인과적 설명'을 제시하려 시도하였고, 그 결과물이 본서의 등장 배경이다. 그런데도, 베버는 이러한 자신의 시도가 '일면적인 유물사관'에 대신하는 '일면적인 정신적 설명'이 되는 것을 경계하였다. 그는 이러한 측면에서, 본서의 결론 부분에서 "프로테스탄트적 금욕주의가 사회적 조건의 전제로부터, 그리고 특히 경제로부터 그 발전과 성격이 어떻게 영향받았는가를 분석하는 것도 필요"하다고 인정한다.

본서는 처음에는 "금욕과 프로테스탄트 정신"(Askese und protestantischer Geist)이라는 제목으로 따로 발표되었다. 첫 발표 시기는 베버가 미국 여행에서 돌아온 직후였고, 이 논문의 발표를 통해 그는 세계적인 명성을 얻게 된다. 가톨릭과 개신교의 비교를 통해 개신교의 '세상 속의' 금욕적 윤리가 어떻게 자본주의 형성에 영향을 미쳤는지를 분석한 이 논문은 후에 그의 주저 『종교사회학 논총』의 일부분으로 편입되어 출간되기도 한다. 여기서 그는 개신교가 가톨릭과 대비되는 면모뿐 아니라, 다른 세계종교들과 어떻게 다르게 형성되고, 영향을 미쳤는지 분석하면서, 이러한 배경 하에 전 세계 여러 지역 중 오직 서구 유럽에서만 '자본주의'가 나타나게 된 배경을 분석한다. 본서가 포함된 『종교사회학 논총』 전 3권의 순서는 이 책의 해제를 참조하기 바란다. 베버는 여기서 다룬 세 종교 이외에도 후기 유대교, 초기 기독교, 동방 기독교, 이슬람교 및 중세의 교단과 종파들에 대해 분석하여 제4권을 출간할 계획이었다고 전해지지만, 급작스러운 사망으로 그 뜻을 이루지는 못했다. 베버의 그 외 종교사회학 관련 중요한 저술은 그의 유고 『경제와 사회』의 "종교적 공동체들" 부분에 남아 있다.

3. 줄거리

본서에서 제기한 베버의 문제의식은 신앙의 종류와 사회계층 간의 관계에서 출발한다. 즉, 가톨릭과 프로테스탄트라는 신앙의 소속 문제가 특정 지역의 경제적인 발전의 정도에 영향을 미치고 있는 상황, 즉 프로테스탄트 지역이 더 경제적으로 발전한 상황이 베버의 문제의식을 야기하였다. 베버는 이러한 상황을 종교개혁에 따른 프로테스탄트의 정신이 인간에 의한 교회의 지배를 새로운 형식에 의한 지배로 변화시켰기 때문이라고 생각하고 이를 규명해 나간다. 그리고 그 핵심에는 사생활과 공적 생활 전반에 걸쳐 철저하게, 엄숙하고 진지한 규율을 요구하는 개신교적 윤리가 자리 잡고 있다고 생각한다.

일반적으로 예속적 입장에 있는 민족적 혹은 종교적 소수 집단은 다른 영역에서의 상승 기회의 제한에 따라, 대개 그 에너지를 경제 활동에 쏟게 되는 경우가 많다. 그러나 프로테스탄트들은 지배계급으로서나 피지배계급으로서나 경제적 합리주의를 발양시키는 유별난 경향을 보인다고 베버는 분석한다. 그와 같은 정신은 그 당시 많은 사람들이 얘기하듯 계몽주의와 연관해서 이해할 수 없다는 것이 베버의 입장이었고, 이러한 근로정신, 진보의 정신은 프로테스탄티즘에서부터 나왔다고 주장한다. 이러한 의미에서 그는 '칼뱅주의의 디아스포라가 자본주의 경제의 묘판'이라는 고타인(E. Gothein)의 입장을 이어받는다고 할 수 있다.

자본주의와 관련한 이러한 정신의 지배적 담당자는 상업 귀족들이 아니라, 오히려 신흥 산업 중산계급 계층이라고 할 수 있었다.

이전에도 은행업이나 수출 무역, 자본주의적 기업의 형태는 있었으나, 이들은 전통주의적 정신으로 수행되었다. 생활 태도, 이윤율, 영업량, 노동을 관할하는 태도, 그리고 고객층과 새로운 판로를 개척하는 방법 등 그 모두가 전통주의적이었다. 그러나 이제는 과거 전통의 기반으로부터 해방되어, 새로운 영리 산업적 기초를 지니고, 이러한 일들을 수행하게 되는데, 이 근저에는 프로테스탄트에 근거한 금욕적 경향이 자리 잡고 있다는 것이 베버의 주장이다. 중세에 토마스 아퀴나스는 이윤의 추구를 '비천한 것'으로 규정하였고, 이윤 추구 그 자체에 목적을 두는 행위는 생활의 불가피한 필요에 의해서만 용납되기는 하지만 '치욕'으로 생각되었다. 그러나, 프로테스탄티즘은 이를 순수한 합리주의 철학에 선행하는 단계로서 고려하게 된 것이다. 물론 이러한 자본주의 정신은 시간이 지나면서 점차 종교적 세력으로부터 원조를 필요로 하지 않게 되며, 생활 태도 자체를 자본주의적 성공의 조건에 적응시키지 못하면 몰락하거나, 최소한도 번영하지는 못한다.

이처럼 자본주의에 대한 프로테스탄티즘의 영향은 '자본주의 정신'에서 분명하게 드러난다. 이것을 가장 쉽게 볼 수 있는 사례는 프로테스탄트 신자의 시간 및 신용의 금욕적 사용에서이다. 이들은 또한 쾌락주의, 행복주의 등을 윤리의 최고 가치로 보는 입장을 거부하면서 직업적 의무에 충실하였다. 물론 이러한 자본주의의 정신은 자본주의 질서 이전에도 출현하였다. 그러나 가차 없는 이윤 추구는 고대나 중세에는 탐욕이라고 비난받았던 것이며, 일정한 윤리적 제재에 복종하려는 생활 기준으로서의 자본주의 정신은 근세의 산물이라고 볼 수 있다. 정신적 집중력과 직업에 대한 절대적인 책임감, 엄밀한 경제성, 냉철한 자제력과 검소함의 병존은 이러한 자본주의 정신에서 비롯하며, 이는 프로테스탄트적 윤리의 영향이라는 것이 베버의 근본 입장이다.

루터의 '소명 = 직업'으로서의 노동의 개념은 이러한 변화를 가져온 대표적인 교리 중의 하나라고 할 수 있다. 직업을 나타내는 독일어 표현은 'Beruf'인데, 이는 '직업'의 의미뿐 아니라, '소명'을 나타내기도 한다. 그 말의 현대적 의미는 성서 원문이 아니라, 번역자의 정신에서 유래한다(영국에서는 맨 처음 위클리프의 번역에서 현재의 'calling'에 해당하는 'cleping'으로 번역되었다). 이러한 번역의 정신은, 세속적 업무에 있어 의무를 다하는 것을, 개인이 할 수 있는 도덕적 행위 가운데 최고의 가치로 삼았다. 세속적인 직업 활동에 대해서 이처럼 도덕적 지지 근거를 준 것은 종교개혁과 루터의 사상이 후세에 미친 영향 중 가장 큰 것이라고 베버는 평가한다. 그러나 그 밖의 면에서는 루터는 자본주의 정신과 아무런 관계가 없다는 것이 베버의 의견이다. 모든 종류의 고리대나 이자에 관한 루터의 수많은 언급은 자본주의적 관점에서 볼 때, 결정적으로 뒤처진 것이었다. 즉, 루터의 사고는 기본적으로 전통주의적이라고 할 수 있으며, '각자는 자기의 생업에 머물러야 하며, 신 없는 자들이 이익을 좇게 하라'라는 이전의 입장을 상당 부분 고수한다. 사람은 절대로 신이 앉혀 놓은 신분과 직업에 머물러 있어야 하며, 주어진 신분의 한계 내에서 세속적 활동을 제한한 것이 루터의 입장이라는 것이다. 이러한 루터의 경제적 전통주의는 처음에는 바울적인 무관심에서 나온 것이었으나, 후에는 '이신칭의' 섭리에 대한 굳건한 신앙과 관련되어, 신에게의 절대적 복종과 주어진 것에 대한 절대적 수용을 동일시하는 입장으로 발전하게 된다. 결국 세속적 의무가 금욕적 의무보다 뒤진다는 것이 수정되기는 했으나, 권력에 대한 복종과 환경의 수용을 설교하는 등 루터의 입장에는 한계가 드러난다는 것이다. 결론적으로 베버는 루터의 직업 사상에 관해서만 본다면, 그것은 자본주의 정신에 미친 영향이 별로 클 것 같지 않다고 평가한다.

  루터의 종교개혁과 대조적으로 베버가 자본주의 정신의 형성에 지대한 영향을 미친 것으로 평가하는 입장은 경건주의, 칼뱅주의, 재세례파, 감리교 등이다. 이 중 베버가 가장 중요하게 분석하고, 의미를 부여한 입장은 칼뱅주의이다. 칼뱅의 입장은, 은총은 오직 하나의 객관적인 힘에서만 나오는 것이며, 영원한 구원의 문제는 신의 결단이 정해 준 운명에 따를 수밖에 없다는 것이다. 이러한 칼뱅의 주장은 흔히 '예정론'이라고 불리며, 은총은 상실 가능한 것이며, 또한 상실된 은총은 신의 말씀과 회개하는 겸손과 신앙으로써 다시 회복할 수도 있다는 루터파의 입장과 대조된다. 베버는 루터의 '상실 가능한', 그러나 또한 회개로서 언제든지 다시 찾을 수 있는 '은총'은, 금욕적 프로테스탄티즘의 가장 중요한 결과인 도덕적 생활을 전체 조직적이고 합리적으로 자극하는 데 아무런 자극도 주지 못했다고 평가한다. 루터파의 신앙에서는 본능적 행동과 소박한 감정의 자연스러운 활력을 없애지 않았고 칼뱅주의적 입장이 가져온 부단한 자기심사와 자기 생활의 개혁적 통제에의 추진력이 생겨나지 않았다. 루터와 같은 종교적 천재는 '자연의 상태'에 떨어질 염려가 없지만, 루터파의 보통 사람들은 겨우 일시적으로만 '은혜의 상태'에 유지될 수 있었다. 결국 루터파는 자체의 은총 교리 때문에 생활의 방법적 합리화를 강요하는 조직적 행동에 대한 심리적 추진력을 결여하고 있었다. 신앙의 금욕적 성격을 규정하는 이 추진력은 여러 가지 다른 종교적 동기에서 배양되었는데, 칼뱅주의의 예정설 교리는 많은 중요한 가능성 중의 하나 - 그러나, 가장 중요한 - 였다. 이러한 절대적 교리는 구원에 있어서 성례나, 교회조차도 무력하게 만들며, 이는 칼뱅주의의 영향 하에 있던 퓨리터니즘을 비관적 요소가 깃든 개인주의의 기원으로 만들기도 하였다. 퓨리터니즘에는 개인적인 참회가 암묵리에 사라져 갔고, 죄악을 정기적으로 해소하는 수단도 없어졌으며, 개인은 각자 오직 자기의 구원만을 생각하게 되었다. 이러한 입장에서, 그리스도교인의 사회적 행동은 오직 신의 영광을 높이기 위한 것일 뿐, 그 자체로는 의미를 갖지 못하게 되었다. 형제애는 오직 신의 영광을 위해 실천되는 것이며, 육에 봉사하기 위함이 아니고, 일차적으로는 일상적 직업을 이행하는 것에 의해서 표현된다. 결국 이러한 교리를 따르는 개인들은 신이 선택하였다는 지식과 참다운 신앙의 결과로 생기는 그리스도에의 절대적 귀의로서 만족해야만 했다.

칼뱅은 원리상, 누가 선택되었는가, 버림받았는가를 식별할 수 있다는 생각도, 신의 비밀에 개입하려는 불손한 짓이라 하여 거부한다. 하지만, 평신도들의 입장에서는 구원의 확실성이 절대적으로 중요하며, 확인될 필요가 있었다. 여기에는 통상 두 가지의 방법이 제시되었다. 첫 번째 방법은, 의심은 신앙이 불충분함이며, 따라서 은총이 부족한 결과이기 때문에, 모든 의심을 악마의 유혹으로 믿고 이와 싸워 스스로를 선택된 자라고 믿는 것을 절대적인 의무로 삼는 것이다. 두 번째 방법에서는 자신(믿음)을 얻기 위해서 가장 좋은 방법으로 직업 활동이 권장되었다. 여기에서 그들의 행동은 신의 은총에 의한 신앙에서 생겨나는 것이며, 또한 이 신앙은 그 행위의 성질에 따라 은총을 입은 것임이 증명되는 것으로 믿어졌다. 칼뱅은 순수한 감정이나 기분은 숭고하게 보일지라도 회의적으로 평가하였고, 구원의 확실성의 기초는 객관적인 결과로서 증명되어야 하며, 이는 직접적인 활동, 특히 직업 활동을 통해 나타난다고 믿었다. 즉 신앙은 유효한 신앙이어야 하며, 구원에의 소명은 효과적 소명이어야 한다는 것이 그의 입장이었다. 여기서 선행은 구원을 얻기 위한 것이 아니라, 버림받았다는 두려움을 없애는 기술적 수단이 된다. 즉 선행이 구원을 가져올 수는 없지만, 구원의 확신을 만들어낼 수는 있게 된다. 이와 같은 사상적 방향은 루터파에 의해 행위에 의한 구원론이라 하여 비난받기도 한다.

한편, 칼뱅파 신도들은 한 순간의 잘못과 실수를 다른 때의 더 많은 선행으로 속죄할 수가 없었다. 이러한 입장은 통일된 체계로 구성되는 선행의 전 생애를 요구하며, 생의 전체가 근본적으로, '자연의 지위'로부터 '은혜의 지위'로 전환될 것을 요구한다. 그리고 그 전환의 결과, 신의 영광을 더한다는 목적에 의해 그의 삶이 완전히 지배되고, 이에 따라 현세의 생활 전체가 통일된 체계로서 합리화된다. 이는 금욕주의가 가르친 동기를 지속해서 유지하게 하며, 일시적 감정에 따른 행동을 하는 것을 막는다. 퓨리턴들이 가장 많이 읽은 성경은 잠언과 시편이었으며, 성경의 이러한 책들에 흐르고 있는 완전히 비감정적인 지혜의 영향은 퓨리턴들의 전 생활 태도에 나타났다. 그들은 은총의 상태를 부단히 자기 심사하였고, 일람표로 된 신앙의 일기장을 사용하면서 생활 전체의 철저한 그리스도교화를 추구하였다.

베버는 칼뱅주의가 미친 영향에 가장 주안점을 두지만, 앞에 언급한 바처럼, 그 외에도 경건주의, 감리교, 재세례파의 영향에 대해서도 분석한다. 이 중 감리교와 관련해서만 짧게 언급하면, 감리교는 회심이라는 감정적 행동을 강조한다는 면에서 독일 경건주의와의 유사점을 갖는다. 하지만, 감리교에서는 이러한 정서적 종교의식이 금욕적 윤리와 특이한 결합을 하는데, 이러한 감정의 강조가 논리적으로 발전하는 과정은 감리교의 가장 중요한 교리 중 하나인 '성화'에 대한 교리에서 잘 드러난다. '더 높은 생활', '제2의 축복'에의 노력은 예정설의 일종의 대용품 역할을 하였다. 이러한 감리교의 모습은 구원의 확인을 보장하면서도, 칼뱅파의 음울한 침체 대신에 밝은 확신을 주는 것이라고 베버는 기술한다. 감리교 역시 행동, 특히 노동이 자기 은총의 상태를 아는 증거임을 인정했지만, 의로운 행동만으로는 충분치 않고 여기에 은총의 상태에 있다는 감정을 부가하였다. 깨우쳐진 감정은 완전을 위한 합리적 노력으로서 지향되었고, 예정설이 포기된 후의 금욕적 행위에 대한 종교적 기초를 이루었다.

이상 위에서 기술한 바와 같이 '세상 속의 금욕'이라는 프로테스탄트 윤리는 자본주의 정신을 형성하는 데 중요하게 작용하였다. 이러한 금욕적 태도는 안주하는, 향락하여 나태해지고, 유혹에 빠지며, 특히 의로운 생활을 포기하는 결과를 가져오는 모든 생활 태도를 배척하게 만들었다. 태만과 향락이 아니라 활동만이 신의 영광에 이바지하는 것이었다. 이에 따라 정신적, 육체적 노동은 그 중요성을 지녔고, 노동 의욕의 결핍은 신의 은총 상실 징후로 간주하였다. 이러한 입장에 따르면, 부유한 자도 노동하지 않고 먹어서는 안 되었다. 퓨리턴의 실용주의적 입장에 따르면, 노동 분화의 심리적 목적은 그 성과에서 나타나는 것으로, 신이 요구하는 것은 단순한 노동 그 자체가 아니라, 직업에서의 합리적 노동이다. 여기서 신의 기쁨을 얻는 정도를 측정하는 것은 직업의 유익성이며, 이는 일차적으로 도덕적 기준에 의해, 그리고 다음으로는 생산되는 재물이 사회에 얼마나 중요한가의 기준에 의해 평가된다. 그러나, 사실상 더욱 중요한 기준은 사경제적 활동이 얼마나 이익을 거두었는가 하는 '수익성'이었다. 이윤획득의 섭리적 해석은 사업가들의 활동을 윤리적으로 거룩하게 만들었다. '신은 그의 사업을 축복한다'라는 것은 이처럼 신의 인도에 따라 성공한 성스러운 사람들에게 붙여진 상투적 표현이었다. 현세의 생활에서 신앙의 보상을 주는 구약적 신의 압도적 힘은 퓨리턴들에게도 동일하게 작용하였다. 퓨리턴들의 일반적인 내면적 태도에 있어 '선민사상'이라는 개념은 이러한 성공, 축복과 결합하여 크게 영향을 미쳤다.

일반적으로 이들은 종교적 가치와 직접 관계가 없는 문화 제도에 대해서는 회의적이고, 때로는 적대시하였다. 생산의 규격화라는 오늘날 자본주의적 이해관계와 밀접하게 연관되어 있는 생활의 획일화 뿌리는 중세에까지 소급될 수 있으나, 처음으로 지속적인 확고한 기초를 얻은 것은 금욕적 프로테스탄티즘의 윤리에서였으며 이것이 자본주의 발전에 갖는 의의는 명확하다고 볼 수 있다. 이들은 외면적으로는 사치의 형식으로 나타나는 재물의 비합리적인 사용에 대하여 투쟁하였고, 그 자체의 목적을 둔 부의 추구를 비난하였다. 하지만, 직업 노동의 과실로서 부를 획득하는 것은 또한 신의 은총의 표시였다. 북아메리카 식민지의 초기 역사에 있어서도 계약 노동자의 노동으로 농장을 경영하여 봉건 영주처럼 살고자 한 '모험자들'과 퓨리턴 중산층의 시민 의식은 심각하게 대립하였다. 결국 퓨리턴적 태도가 합리적인 시민 경제생활을 촉진하였고, 이들이 주류로서 자리를 잡게 된다.

위대한 신앙 운동의 경제발전에 대한 의의는 그 금욕적인 교육 작용에 있었지만, 최종적인 효과는 일반적으로 순수한 종교적 정열이 그 절정을 지난 다음, 공리적 세속주의의 형태로 나타나게 된다. 종교적 정열이 약동했던 17세기가, 다음의 공리적 시대에 남긴 유산은 돈의 취득에 관한 바른 양심이었다. 신의 축복을 눈으로 볼 수 있다는 의식을 갖는 시민적 사업가는 형식적 정당성의 한계를 지키고, 도덕적 행동에 흠이 없고, 부의 사용에 다른 사람에게 해를 주지 않는다면, 얼마든지 영리를 추구하고 또 그럼으로써 의무를 수행한다고 느낀다. 종교적 금욕주의는 그들에게 또한 성실하고 양심적이며 열심히 일하며 노동이 신으로부터 받은 생활목표라고 굳게 믿고 있는 노동자들을 제공하였다. 나아가 금욕주의는 사업가들에게 이 세상 재산의 불평등한 분배는 신의 섭리의 특별한 처리이며, 이 차이는 사람들이 모르는 비밀의 목적을 수행하기 위한 것이라는 보장을 제공하였다. 또한, 칼뱅의 "노동자나 공인 대중은 빈곤해야 신에 복종한다"라는 입장은 저임금의 생산성이란 이론으로 발전하기도 한다. 이와 함께, 고용주의 영리 활동도 소명이기 때문에 노동 의욕의 착취도 합법화된다. 재산이 없는 자들에게 가한 엄격한 교육이 자본주의적 의미에서 노동의 생산성에 얼마나 큰 영향을 주었는가는 자명한 것이다.

하지만, 경제활동이 충분히 이루어지면서 이들이 축적한 부는 이들을 결국 귀족화의 길로 이끌게 된다. 감리교의 종교부흥 운동을 이끈 웨슬리 자신도 "부가 증가하면 동시에 자만과 증오, 그리고 모든 면에서의 현세에 대한 애착이 증가한다. 그렇다면 마음의 신앙인 감리교가 지금은 푸른 수목처럼 청청하나, 이 상태가 얼마나 계속되겠는가? […] 그리하여 신앙의 형식은 남을 것이나 정신은 점점 시들어 버리고 만다. 순수한 종교가 이처럼 계속해서 쇠망해 가는 것을 막을 길은 없을까?"라는 그의 고민을 토로한 바 있다. 금욕주의는 세계를 개조하고 세계 속에서 이상을 실현하고자 하였지만, 증가한 경제적 풍요는 역사상 그 유례를 볼 수 없을 만큼 인간의 생활에 엄청난 힘을 갖게 되었다. 자본주의는 더 이상 종교의 도움이 필요하지 않게 되며, 베버는 이러한 문화 발전의 마지막 단계를 "정신 없는 전문가, 마음 없는 향락인"의 시대로 규정한다. 결국 중세적 기원의 금욕주의는 '세상 속의 금욕'이라는 프로테스탄트적 단계를 거쳐, 세속적 공리주의로 해체되어 버리는 역사적인 전개과정을 거치게 되는 것이다.

4. 핵심주제

베버가 자신의 전 연구를 통하여 규명하고자 했던 핵심주제는 근대 서구 사회, 즉 자본주의 사회의 본질은 무엇이며, 그것이 어디서 왔는가 하는 점이다. 이 문제의 규명에 있어 베버의 입장은, 앞서도 언급한 바처럼, 마르크스와 대조된다. 마르크스가 물질적 조건이 역사나 인간 행동을 규정하며, 이념, 법제, 도덕, 예술, 그리고 종교 등은 그에 종속되는 '상부구조'로 해명함에 반하여, 베버는 그와 같은 문화적 영역에서의 인간 활동이 그 나름의 고유의 법칙성이 있으며, 이러한 요소가 근대의 서구 사회를 형성하는 데 중요하게 작용하였음을, 프로테스탄트의 윤리와 자본주의 정신의 관계, 나아가 서구 문화의 핵심 요소로서의 '*합리성*'의 형성을 통하여 설명하고자 한다.

이러한 설명에 있어 중요한 것은 베버가 자본주의를 규정하는 방식이다. 기존의 자본주의에 대한 정의가 제도로서의 측면에 초점이 맞추어졌다면, 베버는 근대적 자본주의 형성에 있어서의 정신적 측면을 강조했다. 즉, 이윤 추구나 상공업의 발전은 근대 자본주의 이전에도 이미 존재하였다. 그러나 근대의 자본주의가 이전의 이러한 활동과 구분되는 중요한 측면은 바로 자본주의 '정신'이며, 이러한 정신의 형성에 프로테스탄트의 윤리가 결정적으로 작용하였다는 것이 베버의 주장이고, 이러한 인과관계를 본서를 통해 규명하고자 한 것이다.

베버가 가장 중요한 영향을 미친 것으로 생각한 것은 줄거리 부분에서도 밝힌 바와 같이 칼뱅주의와 그 영향권 아래 있는 프로테스탄트 운동들이다. 칼뱅주의의 교리 하에서 직업 노동은 신의 은총을 확인할 수 있는 유일한 통로였고, 이 때문에 노동은 단순한 생계 수단이 아니라 영적인 의미를 지니게 된다. 또한 근면, 검소, 분별 등의 덕목은 이러한 은총을 확인하는 통로를 탄탄하게 만드는 작용을 한다. 그리하여 프로테스탄트들의 '*세상 속에서의 금욕*'이라는 윤리적 요소는 자본주의적 '에토스'를 형성하는 직접적 원인이 된다는 것이다.

이처럼 베버는 칼뱅주의의 구원교리가 어떻게 의도치 않은 결과로서 자본주의와 근대 서구 문화의 특징인 합리성에 영향을 미쳤는지를 분석하였다. 여기서 간과되어서는 안 되는 더욱 중요한 요소는 단순한 '자본주의'의 탄생이 아닌, '합리적 생활양식'의 탄생이다. 이러한 합리화를 베버는 종교 사회학적 용어로 '*탈주술화*(Entzauberung)라고 명명하기도 한다. 그리고 이러한 합리화, 혹은 탈주술화가 지나치게 추구된 결과로 나타나는 부작용에 대해 지적하기도 한다. 또한 이러한 연구의 방향은 본서의 범위를 넘어서, 앞서 책의 등장 배경에서 언급한 바처럼, 세계의 각 종교의 경제윤리를 비교하면서, 어떻게 각각의 종교들이 종교적 합리화로 나아갔는지, 혹은 그 길에서 어떻게 좌절했는지를 분석한다. 베버는 이러한 과정에서 프로테스탄트 이전의 유대교 예언자로부터 이어지는 종교적 합리화의 긴 여정에 주목하기도 하고, 중국이나 인도에 있어서는 오히려 종교가 사회적, 경제적 생활의 변동을 억제하는 힘으로 작용한 과정을 분석하기도 한다.

5. 책의 평가

본서는 근대 서구 사회, 나아가 서구화된 현대 사회 전반의 이해에 매우 중요한 통찰과 영향을 제공한다. 특별히 근대 사회의 특징을 합리성으로 규정하고, 그러한 합리성이 나타나게 된 과정을, 일반적으로 가장 비합리적이라고 생각하기 쉬운 종교의 영향 하에서 밝혀냈다는 점에서 매우 흥미로운 분석이라고 할 수 있다.

그러나 이와 같은 베버의 분석은 윤리적-종교적 동기가 자본주의 형성에 미친 영향의 완전한 부정으로부터, 그러한 상관관계는 인정하나 인과관계는 부정하는 입장까지 다양한 비판 하에 놓이게 된다. 전자의 강력한 부정은 마르크스주의적 입장에서 많이 나타나며, 후자의 인과관계의 부정은 영국의 경제사가 토니(R. H. Tawney) 등의 학자들에 의해서 제기되어 왔다.

인과관계를 부정하는 입장에 대해서는 조금 더 설명이 필요할 것으로 보인다. 베버가 제기한 바처럼 프로테스탄트 지역에서 자본주의가 융성한 것은 어느 정도 역사적 사실이라고 할 수 있다. 하지만, 이러한 상황은 베버의 설명과는 반대로도 해석할 수 있다. 즉, 프로테스탄트종교가 자본주의 형성에 영향을 미쳤다기보다는, 오히려 자본주의 합리화의 결과가 프로테스탄트적 종교 윤리로 나타난 것이며, 중세의 봉건사회와는 달리 새로운 종교 및 윤리를 찾던 근대 부르주아 계층이 그들에게 적합한 종교를 찾고, 또한 만들어 갔다는 것이다.

이러한 반대적 해석은 사실 베버 자신의 저작인 『경제와 사회』의 "신분 집단, 계급 그리고 종교"의 부분에서도 부분적으로 드러난다. 여기서 베버는 농민, 귀족 혹은 전사, 관료층 및 시민 계급 등 각 신분/직업 집단 들이 어떻게 자신들에게 맞는 종교성을 형성하는지를 분석한다. 특별히 수공업자의 종교성을 규명하는 과정에서는, 본서에서도 언급되는 '경제적 합리주의'와 '종교적-윤리적 합리주의'적 특징을 밝히는데, 여기서는 오히려 이러한 계층적 성격이 이들 종교의 특성을 규정하는 형식으로 얘기된다.

이러한 설명에서 인과관계는 부정되지만, 프로테스탄트적 종교와 자본주의의 상관성, 베버식 용어로 소위 '친화성'(Verwandtschaft)은 결국 인정되고 있다. 하지만 베버의 동료였던 좀바르트 같은 학자는 자본주의의 발흥을 프로테스탄트 형성 이전인 중세 이탈리아로 거슬러 올라가 규명하기도 한다. 좀바르트는 이 과정에서 특별히 유대인들의 활동을 중요하게 주목한다. 이러한 비판은 베버의 테제를 완전히 부정하기보다는 프로테스탄트의 영향 이외의 다양한 요소가 자본주의 형성에 영향을 미쳤음을 인정하는 방향으로 나아가기도 한다.

어쨌든 베버의 연구는 사회에 대한 일반적인 역사적, 비교적 이해에 있어서 종교현상이 매우 중요하다는 것을 밝혀냈고, 종교적 관념이나 행동이 사회의 다른 관념이나 행동 양식에 중요하게 작용할 수 있음을 밝혀냈다는 점에서 그 의의를 지닌다. 나아가 베버의 연구는 이후 종교사회학 및 사회학 전반의 중요한 문제를 제기하고, 이것을 어떻게 연구해 나갈지에 대하여도 중요하게 영향을 미쳤는데 이에 대해서는 다음의 '적용' 부분에서 좀 더 자세하게 살펴보고자 한다.

6. 적용[1]

여기서는 베버의 '종교-경제'라는 양 범주의 관계에 대한 설명방식이 현대 사회 혹은 그 발전과정에 적용된 세 가지 사례 혹은 방향을 제시하고자 한다. 그 첫 번째는 영국의 종교사회학자 마틴

---

1) 이 부분은 필자의 논문 "사회진보와 종교의 역할," 『담론 201』 18-1(2015)의 일부를 수정, 요약하였다.

(David Martin)이 언급한 '프로테스탄트 문화 혁명'의 세 물결이다. 마틴은 자본주의 형성 및 발전과정에서 프로테스탄트의 종교적 영향이 세계적으로 중요하게 작용한 것으로 분석하고, 이를 세 번에 걸친 '문화 혁명'의 과정으로 분석한다. 그 첫 번째가 바로 베버가 연구한 자본주의 태동기 청교도의 영향이며, 이후 산업혁명기 감리교의 영향, 라틴 아메리카를 비롯한 소위 제삼세계에서의 오순절 운동의 영향을 각각 두 번째와 세 번째의 물결로서 제시한다. 이러한 종교와 사회발전의 관계에는 일반적으로 근검절약, 정직, 성실, 종교에 기초한 노동 윤리 등이 그 연결 고리로 제시되는데, 이러한 특징들은 본서에서 베버가 제시한 '세상 속의 금욕'의 특징들이다. 마틴은 특별히 라틴 아메리카에서의 오순절 운동의 영향에 주목하는데, 라틴 아메리카의 상황에서 해방신학이 이데올로기적 요소를 제공했다면, 오순절 운동은 문화적 요소를 제공하였으며, 이는 도시화에 따라 상실된 보수적 혹은 규범적 사회 분위기를 새롭게 요구하며, 재수립하는 데 기여했다고 평가한다.

베버의 연구는 다른 한편으로, 종교를 넘어 문화 일반의 영향에 대한 연구로 확대된다. 그론도나(Mariano Grondona)와 같은 학자는 '개발 지향적' 문화와 '개발 저항적' 문화 유형을 구분하여, 이러한 문화형태가 사회진보에 미치는 영향을 연구하였고, 로렌스 해리슨(Lawrence E. Harrison)은 진취적 문화와 정태적 문화를 구분하는 10가지 가치와 태도를 제시하기도 한다.[2] 해리슨은 유사하게 1) 세

---

2) 10가지 가치와 태도는 1) 미래지향적 시간 지향성, 2) 노동, 3) 검약, 4) 교육, 5) 실력에 대한 긍정적 태도, 6) 정체성과 신뢰의 범위가 가족의 범위를 넘어 확장하는가? 7) 엄정한 윤리 규범, 8) 정의와 공정성에 대한 기대, 9) 수평적 권위, 10) 세속주의: 종교 제도의 영향이 적은 편인가? 등이다. 이에 대하여는 새뮤얼 헌팅턴/로렌스 해리슨 편(2001), 441f. 참조.

계관의 시간 지향, 2) 세계관이 합리성을 고무하는 정도, 3) 평등과 권위의 개념 등의 3가지 요소를, 또 다른 곳에서는 신뢰망(공동체 의식), 윤리적 체계의 강도, 권위의 행사 방식, 혁신/일/저축/이윤에 대한 태도 등의 4가지 요인을 발전에 영향을 주는 요소로 제시하였다. 이러한 입장은 이미 뮈르달(Gunnar Myrdal)이 남아시아 연구에 있어서, 운명주의와 가족주의를 발전에 장애 요인으로 언급한 부분이나, 휘욜(Thomas Roberto Fillol)이 아르헨티나 사회를 분석함에 있어, 일, 사업, 물질적 성취를 통하여 개인의 상황을 개선할 수 없다고 믿는 아르헨티나 국민의 경향을 발전을 저해하는 요인으로 지적하는 데서도 나타나는데, 이와 같은 연구의 방향은 모두 베버의 노선을 계승하는 것으로 볼 수 있다.

베버 전통의 종교와 사회 발전에 대한 연구의 또 다른 흐름은 동아시아의 경제발전에 대한 소위 '유교 테제'에서 나타난다. 이러한 연구들은 동아시아의 급속한 근대화의 원인을 개신교와 유교 윤리의 유사성에서 찾고, 근면, 규율, 절약, 성실 등의 유교적 윤리와 함께 사회적 통합, 개인적 희생, 관료적 전통 등 성리학적 가치가 동아시아 발전에 중요한 역할을 한 것으로 평가한다. 앞서 언급한 해리슨과 같은 학자는 동아시아의 발전을 유교적 중심 원리에 기초한 것으로 지적하며, 권위주의나 위계 등의 부정적 영향도 있지만, 전반적으로는 긍정적으로 기여한 것으로 평가한다. 마틴 또한 한국에서 유교적 윤리는 1) 이 세상에 초점을 맞춘 태도, 2) 질서, 규율, 예의, 집단 결속의 강조를 통하여, 경제 성장에 필요한 동기를 제공하였다고 평가한다. 이동인은 유교적 가치가 한국의 근대화 과정에 있어서 "사회생활의 제 영역에 가치판단의 기초(틀)를 제공해 온

'원천적 가치' 또는 '모가치'(母價值)"였으며, "유교의 가치 체계는 근대화에 도움이 되는 가치, 윤리 체계였다"라고 평가하기도 한다. 유교적 가치와 관련, 가족/친족주의 혹은 소집단주의 역시 많은 주목을 받았는데, 한국의 경우 국가 및 사회윤리 또한 이러한 가족윤리의 확장으로 볼 수 있으며, 이러한 가족/친족주의 윤리는 사회적 조화와 정치적 안정 등을 강조하는 면에서는 긍정적 측면을 지니기도 하지만, 권위적, 집단이기적, 가부장적 측면에서는 부정적 영향을 지닌 것으로 평가되기도 한다.

7. 토의사항

베버의 테제는 근대화, 산업화가 이루어지던 시점의 서구 사회를 배경으로 한 것이다. 물론 그의 논의가 중국과 인도를 비롯한 비서구 사회로 확대되기는 하였지만, 지나치게 서구 중심적, 기독교 중심적이라는 비판을 피하기는 힘들다. 하지만, 전 세계적으로 산업화, 서구화가 이루어지고, 동일한 사회양상을 띠어 가는 현 상황에서 이러한 비판보다 더 중요한 것은 근대 사회에서 탈근대사회로의 변화라고 할 수 있다. 즉, 근대 사회의 도래에 관한, 그리고 근대와 프로테스탄트 윤리/정신의 친화성이, 탈근대로 넘어가는 현시점에서 어떠한 의미를 지닐 수 있는가? 하는 것이다.

실제로 베버가 찬양했던 초기 자본주의의 '세상 속의 금욕'은 현대의 소비사회에서는 더 이상 커다란 미덕이 되지 못한다. 지나친 절약은 경제의 활성화를 막고, 생산과 고용에 악영향을 미칠 수 있다. 또한 근대화의 중요한 기반인 (도구적) 합리화는 현대 사회에 많은 문제를 야기하고, 그 한계를 드러내고 있다. 종교적인 측면에서도, 이제는 현실적인 종교보다, 초월적, 탈현세적인 종교가 사람들의 관심을 끌고 있다. 이러한 경향은 서구에서는 영성에 대한 새로운 관심, 한국 사회에서는 가톨릭의 부흥으로 부분적으로 나타나고 있다. 즉, 베버의 '프로테스탄트-자본주의'의 친화성에 기반을 둔 본서의 주장이, 당시에는 어느 정도 타당성을 지니고 있었지만, 탈근대의 현재적 상황 속에서 어떤 의미를 지닐 수 있는지는 다시 한 번 생각해 보아야 할 문제이다.

이러한 문제는 '종교와 사회변동' 일반에 지니는 의미와 함께, 근대화의 주요 담지자였던 프로테스탄트 교단 각자에게 중요한 과제를 던져 준다. 실제로 한국 사회의 개신교 성장은 근대화와 어느 정도 궤를 같이하고, 근대화의 일정 부분의 달성 시점에서 개신교는 정체 혹은 쇠퇴를 보이는 것으로 나타나고 있다. 그렇다면 탈근대의 사회 속에서 한국 개신교가 지향해야 할 바는 무엇인지, 이는 21세기를 살아가는 신학도의 중요한 고민이 되어야 할 것이다.

8. 연관해서 읽으면 유익한 문헌

본서의 번역은 앞부분에 소개한 김덕영의 번역 이외에도 많이 있으나, 소개한 번역서가 방대한 주해와 해제, 그리고 보론 형식으로 '프로테스탄티즘의 분파들과 자본주의 정신'을 소개하고 있어 이 책을 이해하는 데 가장 좋은 것으로 보인다. 쉽게 볼 수 있는 것으로

는 만화로 된『Why? 막스베버 프로테스탄트 윤리와 자본주의 정
신』(예림당: 2014)과『막스베버 프로테스탄트 윤리와 자본주의 정
신』(주니어 김영사: 2011) 등도 있다. 본서가 포함된『종교사회학
논총』은 우리나라에서는 나누어져서 모두 번역되어 있다. 이에 대
하여는 본서의 해제를 참고하기 바란다.

부록 2

토마스 아 켐피스,
『그리스도를 본받아』

Thomas à Kempis, *De imitatione Christi* (1418-1427경).

Heinrich Brewer편. *De Imitatione Christi Apologia*, Köln, Kinckius, 1683.

역서: 유재덕 옮김, 브니엘, 2016(개정판) / 박동순 옮김, 두란노, 2010 등

1. 저자 소개

『그리스도를 본받아』의 저자는 확실하지는 않지만, 대개는 토마스 아 켐피스(Thomas à Kempis, c. 1380-1471)를 저자로서 인정하고 있다. 1441년 현존하는 최고의 필사본에 있는 '형제 토마스 켐피스의 손에 의해 완성됨'이라는 문구가 토마스 아 켐피스 저작의 근거로서 주장되는데, 이는 저작이 아니라 필사로 해석될 수도 있다. 토마스 아 켐피스 이외에도 프랑스의 신비주의 신학자 장 샤를리에 게르송(Jean Charlier Gerson),[1] 가공의 이탈리아 베네딕트 수도원의 원장 지오반니 게르센(Giovanni Gersen), '새로운 경건'(devotio moderna) 운동의 창시자 헤르트 흐로테(Geert Groote) 등이 저자로서 언급기도 한다.

토마스 아 켐피스의 출생 연대는 분명하지 않지만, 1379.9.29.-1380. 7.24. 사이에 출생한 것으로 추정된다. 그는 현재의 네덜란드에 인접한 독일 니더라인(Niederrhein) 지방의 한 마을인 켐펜(Kempen, Kempis)에서 수공업자 가정의 아들로 출생하였다. 13세 무렵 그는 빈데스하임(Windesheim) 수도회의 수사인 형 요하네스(Johannes)의 영향으로 드

---

1) 그는 그리스도께서 교회를 성도들의 공동체로 건설하였으며, 교황은 단지 교회의 대변자에 불과하다는 견해를 지녔다. 그는 유명론자였고, 스콜라 철학에 대한 신비주의의 우위를 주장하였다.

벤터(Deventer: 네덜란드 유트레히트 주교령의 도시)의 공동생활 형제단(CRVC: Canonici Regulares Sancti Augustini Fratrum a Vita Communi)의 학교에 들어간 것으로 전해진다. 공동생활 형제단과 빈데스하임 수도회는 모두 당시 유행하였던 '새로운 경건' 운동의 중심 단체들이었다. 이 '새로운 경건' 운동에 대하여는 이 책의 등장 배경 부분에서 좀 더 상세히 기술할 것이다.

이후 토마스 아 켐피스는 1399년의 순례 도중, (빈데스하임 부근 현재의 네덜란드에 위치한) 츠볼레(Zwolle) 부근에 있는 (역시 빈데스하임 수도회에 속하였던) 아우구스티누스(Augustinus)파 아그네텐베르크(Agnetenberg) 수도회를 알게 되어, 청원자로 가입하게 된다. 1407년에는 수도서원을 하고, 이어 1413/14년에는 사제 서품을 받게 된다. 1448년에는 수도원의 부원장으로 수련 수사의 지도 신부가 되어, 수련 수사들을 위한 많은 영성 수련 교재를 편찬한다. 그의 지도로 이 수도원은 '새로운 경건' 운동의 중심지로 자리 잡게 된다. 그는 1471.5.1.-7.25. 사이에 아그네텐베르크에서 사망한 것으로 전해진다. 그는 『그리스도를 본받아』 외에도, '새로운 경건' 운동의 역사, 아그네텐베르크 수도원 연대기 등의 저술을 남겼다.

2. 책의 등장 배경

본서를 이해하기 위해서는 먼저 저자인 토마스 아 켐피스에게 중대한 영향을 미친 '새로운 경건' 운동에 대해 알 필요가 있다. '새로운 경건' 운동은 초대 교회, 광야 수도사들, 교부들의 경건성을 현재에 되살리는 것을 목표로, 13-14세기 네덜란드와 독일의 접경지역에서 발전하였다. 그리스도 중심적인 영성과 깊은 내면성을 지닌 성경 묵상이 특징이며, 교리적 정확성과 교훈적인 잠언 및 삶과 관련된 신비주의 전승의 유포에도 힘썼다.

이 운동이 발생하기 이전부터, 특히 13세기 이래 네덜란드 지역은 신비주의가 매우 발달하였다. 그 중 초기 네덜란드 신비주의의 대표자인 베긴느 하데뷔치(Begine Hadewijch)의 저술은 흐로엔엔달(Groenendaal)의 수도원을 거쳐 '새로운 경건' 운동의 실질적인 창시자인 헤르트 흐로테에게 전달된다. 흐로테는 앞서 언급한 빈데스하임의 수도회를 중심으로 이 운동을 일으켰으며(1412년 공동생활 형제단 흐로엔엔달 지부와 통합됨), 공동생활 형제단은 이 운동의 중심이 되었다. 이 운동은 플랑드르의 신비주의 신학자 얀 판 뤼스브록스(Jan van Ruysbrocks)와 독일의 신비주의자들에게도 영향을 미쳤고, 이는 '독일 신학'(Deutsche Theologie)2)의 저술을 통하여 루터에게도 영향을 주었다.

'새로운 경건' 운동의 중심 단체인 '공동생활 형제단'은 1374년 드벤터에 있는 헤르트 흐로테의 부모님 집에서 시작되었다. 최초의 지부는 네덜란드, 벨기에, 북서 독일 지역에 걸쳐 약 70채의 가정을 포함하였다. 이들은 특별한 규칙 없이 책을 서로 주고받는 가운데 공동생활을 하다가, 후에는 일체의 개인적 소유와 수입을 포기하기에 이르렀고, 생계는 이전의 개인적 재산과 기부 및 책의 저술 등에 의존하였다. 이 단체는 초대 교회를 삶의 표준으로 삼아 일체

---

2) 이 책은 14세기의 작품으로 추정되며, 당시의 이단적인 신비주의와 구분하여, 인간 구원을 위한 예수 그리스도의 중요성과 복종의 필요성을 강조하였다. 이 책은 루터에게 많은 영향을 미쳤으며, 그의 편찬에 의해 오늘날까지도 많은 판본이 전해진다.

의 종단적 요소, 즉 규칙, 서원, 수도복, 수도원 건물 등을 거부하였으며, 상호 간의 충고, 명상을 위한 잠언록, 문자화된 내면의 탐구 등을 통해 개인적 경건과 교회 구조의 개혁을 위한 영성을 발전시켜 나갔다. 또한 모범과 교육, 그리고 신앙심을 고취하는 문헌 등을 통해 폭넓은 영향을 미쳤는데, 본서『그리스도를 본받아』도 이러한 맥락에서 탄생한 것으로 여겨진다. 15세기 말에는 약 60개의 지부를 성립하는 정도로 성장하게 된다(그중 25개는 독일 지역). 이들이 주장하는 수도원과 세상의 중간적인 삶의 형태는,3) 끊임없이 교회법에 대해 의심을 환기했고, 결국 콘스탄츠 공의회(Konstazer Konzil 1414-18)에서 그 정당성이 논의되기에 이른다. 1439년에는 교황 에우제니우스 4세(Eugenius IV)에 의해 세속수도회로 승격하였으나, 이후 점차로 쇠퇴하여, 종교개혁 이후 17세기에는 완전히 모습을 감춘다. 그러나, 20세기 들어 스위스에서 동일한 이름을 가진 평신도 생활 공동체가 세워지기도 하였다.

『그리스도를 본받아』(De imitatione Christi)는 '새로운 경건' 운동에서 즐겨 사용하던 라피아리움(Rapiarium, 일종의 명문선집)에 속한다. 당시 독일-네덜란드 지역에서는, 특히 신비주의 전통의 영향 하에서 명상을 위한 그리스도의 생애와 수난에 대한 설교, 저술 등이 많이 나타나는데, 본서도 이러한 저술 중의 하나라고 볼 수 있다. 본서의 성공은 수도회 및 국가 간의 경쟁과 맞물려 17세기 이래 저

---

3) 당시에는 이와 유사한 세속적 종교단체들이 많이 발생하였는데, 이 중 대표적인 하나가 베긴과 베가르드(Beginen und Begarden) 운동이다. 베긴은 여성 구성원을, 베가르드는 남성 구성원을 의미하며, 이들은 '공동생활 형제단'처럼 수도원적 가정공동체를 결성하여, 경건하고 금욕적인 생활을 하였다. 이 운동은 13세기 초 벨기에와 플랑드르 지방에서 성행하였으나, 1215년 제4차 라테란공의회에서 새로운 공동체 건설이 금지되었다. 이후 이 단체는 교회 안으로 흡수되거나, 종교개혁 운동으로 이어지기도 하였다.

작권에 많은 논쟁을 낳기도 하였다. 15세기 경에 이미 약 800개의 필사본이 존재하였고(그중 150개 정도가 번역본), 1800년까지는 약 2300개의 인쇄본이 출간되었다.[4] 현재의 판본은 토마스 아 켐피스에 의해 완성되었으며, 책의 성격상 저자라기보다는 편자로서 취급하는 것이 일반적이다. 본서는 성경 외에도 (12세기 시토(Cîteaux) 수도회의 창립자이며, 실천적 신비주의자로 불리는) 클레르보의 베르나르(Bernard de Clairvaux, 1090 or 91-1153), (새로운 경건 운동에 영향을 미친 카르투시오(Kartause) 수도회의 인물로서, 4 복음서로부터 '그리스도의 삶'(Vita Christi)을 편찬하였던) 작센의 루돌프(Ludolf von Sachsen, 1300-77 or 78) 등의 영향을 받았으며, '새로운 경건' 운동의 여러 인물들 또한 중요한 영향을 미쳤다.

3. 줄거리

본서는 총 4부로 구성되어 있다. 제1부는 수도원과 세상에서의 초심자를 위한 종교적 생활 안내의 내용을, 제2부는 내적 생활과 기도 속에 신과 만나기 위한 전제조건들로서 겸손, 화평, 단순함, 고난에 대한 준비 등을 다루고 있다. 제3부에서는 겸손, 순종, 신뢰, 십자가를 따름 등 성도의 올바른 태도 가운데 그리스도와의 일상적인 교제로부터 나오는 내적 위로를 기술하고 있으며, 책에서 가장 많은 부분을 차지한다. 제4부는 성찬과 기도에 관한 내용으로, 내

---

4) 성경을 제외하고는 가장 많은 언어로 번역된 책이라고 언급된다.

용 면에서 책의 다른 부분과 구별된다. '그리스도를 본받아'의 주제
는 제1부의 표어(요 8:12)로부터 계속 반복되어 나타나지만, 책 전
반을 지배하는 것은 아니다. 오히려 성직자 및 평신도를 위한 종교
적인 지시들의 모음집이라고 할 수 있다.

본서에서 어떤 체계화된 사상을 발견하는 것은 매우 힘들기에 줄
거리를 요약하는 것도 매우 어렵다. 다만, 독자들이 주의해서 읽어
볼 가치가 있는 경구들을 나열하여 연결하는 수준에 만족할 수밖에
없다. 먼저 제1부는 '영적 생활에 대한 권면'을 제시하는데, 가장
먼저 해야 할 것으로 '예수 그리스도의 삶에 대해 생각하는 것'을
들고 있다. 성도들이 복음을 들으면서도 따르지 않는 것은 그리스
도의 영이 없기 때문이며(제1장), 자신의 구원을 이루는 것 이외의
것들에 마음을 빼앗기는 자는 어리석다고 주장한다. "자신을 바르
게 이해하고 겸손하게 평가하는 것이야말로 가장 고상하고 가치 있
는 지혜"이며, "자신이 다른 사람보다 더 선하다고 여기지 말라. 왜
냐하면 당신 자신도 은혜의 상태 안에 얼마나 오래 머무를지 알 수
없기 때문이다. 우리는 모두 연약하다. 그리고 당신 자신이 누구보
다도 더 연약하다는 것을 기억하라"라고 권면한다(제2장).

본서의 저자는 "오직 주님께서만 말씀하십시오"라고 기도하며,
"자신을 다스리고자 애쓰는 것보다 힘든 싸움이 어디 있겠는가?"라
고 질문한다(제3장). "사랑이 아니라 필요 때문에 순종하는 경우"에
대해 경고하며(제9장), 가능한 한 공적인 모임을 피할 것을 권면한
다. 또한 "말하기를 좋아하는 이유는 그렇게 함으로써 위안을 얻고
여러 가지 근심들로 지친 마음을 회복할 수 있으리라고 생각하기
때문"이라고 지적하는데(제10장), 이는 욕망의 억제와 함께 적절한

분출을 권하는 현대(특히, 정신분석)의 경향과도 부합한다.

자신의 결점들을 일 년에 하나씩 뽑아냄으로써, 달성할 수 있는 의로움에 대해 권면하며(제11장), "하나님을 완전히 신뢰하는 자에게는 사람의 위로가 필요 없다"라고도 주장한다(제12장). 한편, "아무런 문제나 시험도 없을 만큼 거룩한 수도원이나 은밀한 장소는 존재하지 않는다"라고 말하며, "도망치는 것으로는 아무도 승리할 수 없음"을 알려 준다. 또한 "시험에 빠진 자들을 엄하게 다루지 말며, 당신 자신을 소중히 여기는 것과 똑같이 그들을 격려해 주라"라고 권면하며, 한편 이러한 "시험은 우리의 참모습을 드러내게 한다"라고 고백한다(제13장).

"당신 자신을 자신이 바라는 대로 만들 수 없으면서, 어떻게 다른 사람이 당신이 원하는 만큼 완전해 지기를 바라는가?"라고 질문을 제기하며(제16장), "더욱 성장하기를 바란다면, 우리는 참으로 부지런해질 필요가 있다. 우리가 늘 자신을 되돌아볼 수는 없지만, 아침이나 저녁에 적어도 한 번은 그런 시간을 가져야 한다"라고 주장한다. 나아가 읽고 쓰고 기도하고 묵상할 뿐 아니라, 공공의 이익을 위한 일에도 참여하라고 권면한다. 또한 영적 훈련의 방법은 저마다 자신에게 맞는 방법이 있다고 기술한다(제19장).

"하나님의 사랑과 인자하심에 대해 자주 묵상하라"라고 권면하며, "사람들로부터 좋은 평가를 받는 사람은 때때로 시험을 받는 편이 더 유익하다"라고 말한다. 또한 "경건한 영혼은 침묵과 고요 속에서 성장한다"라고 기술하고 있다(제20장). 회개하는 마음은 항상 자신을 살피며(제21장), "지금 살아가는 일에 전념"하면 "죽음의 순간에 두려워하지 않고 기뻐할 수 있을 것"이라고 말한다(제23장).

나아가 "공의로운 심판자 앞에 어떻게 설 것인지 늘 생각"하면서, "지금 올바르게 살라"라고 주장한다(제24장).

제1부의 마지막인 제25장에서는 "하나님의 선하시고 기뻐하시고 완전하신 뜻이 무엇인지 분별"할 것을 요구하며, 여기에는 "죄악의 거부와 필요한 은혜의 추구"와 "좋은 모범들의 모방"이 도움이 될 것이라고 말하면서도, "예수님 외에는 다른 모델을 찾을 필요가 없을 것"이라고 주장한다. 무엇보다도 "기도에 힘쓰라"라고 권면하며, "좀처럼 외출하지 말고, 조용히 지내며, 가장 맛없는 음식을 먹고, 열심히 일하라. 말은 적게 하고, 멀리 보며, 일찍 일어나고, 많은 시간을 기도에 쏟으라. 많이 공부하고, 항상 자신을 훈련하는 데 주의하라"라고 권면한다. 특히, "저녁 시간에 자기 자신을 살피고 분발하고 훈계"함이 중요함을 언급한다(제25장).

제2부는 '내면생활에 대한 권면'이라는 표제를 지니며, "하나님의 나라는 너희 가운데 있다"라는 누가복음 17:21과 "당신의 마음 안에 그분이 거하실 처소가 준비되면, 그리스도는 당신에게 오셔서 위로를 베푸실 것이다"라는 요한복음 14:23의 성경 구절 인용으로 시작한다. 저자는 '참된 가치'는 예수의 시각에서 나옴을 지적하며, "내면의 빛을 따라 걸으며 눈에 보이는 것들에 너무 영향을 받지 않는 사람은 기도를 위한 특별한 시간이나 장소가 필요하지 않다. 당신의 내면생활이 올바르게 정돈되고 마음이 깨끗하다면, '모든 일이 서로 협력해서 선을 이룰'(롬 8:28) 것"이라고 주장한다(제1장). 또한 "사람이 겸손하게 자신의 결점을 인정할 때, 그는 곧 다른 사람을 진정시키고 자신의 감정을 상하게 했던 사람들과 화목하게 될 것"임을 제시하면서(제2장), "무엇보다 자신이 평화로워야 다른 사

람에게도 평화를 줄 수 있다. 만족이 없고 안식이 없는 사람은 자신 안에 평화가 없을 뿐만 아니라, 다른 사람에게도 평화를 허용하지 않는다. 다른 사람이 당신을 참아주기 바란다면, 당신도 그들을 참아주어야 한다"라고 갈라디아서 6:2을 인용하면서 제시한다. 또한, "다루기 어렵고 완고하며 제멋대로인 사람들, 그리고 자기를 반대하는 사람과 함께 평화롭게 지내는 것이야말로 큰 은혜이며 가장 훌륭하고도 용감한 성취"라고 주장한다(제3장).

"사람이 영적으로 나태하고 미지근해지기 시작하면, 가장 쉬운 수고조차 힘들게 느껴지고, 세속적 위로나 간절히 원하게 된다. 하지만 자신의 자아를 이기고 하나님의 방식으로 담대하게 나가기 시작하면, 전에는 무거운 짐으로 여겨졌던 일들까지도 아무것도 아닌 것으로 여기게 된다"(제4장). 또한, "자신이 다른 사람들로부터 고통받을 때는 재빨리 깨닫고 분노하면서도, 다른 사람들이 우리로 인해 얼마나 괴로워하고 있는지에 대해서는 생각하지 않는다"(제5장).

"악인들에게는 평화가 없다"라는 이사야 48:22의 말씀과 관련하여 말하기를, "당신이 사람들에게 칭찬을 받는다고 해서 거룩한 것도 아니고, 비난을 받는다고 해서 악한 것도 아니다. 당신은 당신 자체로 남아 있고, 하나님께 당신의 존재 자체보다 더 훌륭하게 평가될 수 없다"라고 주장한다. 그리고 "사람이 자신 외에 어떤 다른 증인을 찾지 않을 때, 그는 자신이 모든 신뢰를 하나님께 두고 있음을 보여 주는 것"이라고 말한다(제6장). 또한 "모든 피조물들을 향한 마음을 비울 수 있다면, 모든 것에서 예수님을 찾고 구한다면, 당신은 반드시 그분을 만나게 될 것"이라고 주장한다(제7장).

"영적인 기쁨, 그것은 덕행으로부터 나오며, 하나님은 그것을 깨끗한 마음 안에만 주입해 주시기 때문"이라고 얘기하지만, 이어서 "아무도 이러한 천국의 위로를 마음껏 누릴 수는 없다. 곧 유혹이 뒤따르기 때문"이라고 현실적인 상황을 지적한다(제10장). 또한, "천국에 있는 예수님의 왕국을 사랑하는 이들은 많지만, 그분의 십자가를 지려는 사람은 거의 없다. 그분에게 위로를 받으려는 사람은 많지만, 고난을 바라는 사람은 적다. 위로를 얻기 위해서가 아니라 진정으로 예수님 자신 때문에 그분을 사랑하는 사람들"을 구하며, "언제나 자신이 받을 이익과 소득만을 생각하는 사람들은 그리스도가 아니라 자신을 사랑하는 사람"이라고 주장한다(제11장). 하지만, "사람은 본래 십자가를 지거나, 그것을 사랑하거나, '몸을 쳐서 굴복시키'(고전 9:27)려는 성향을 갖고 있지 않음"을 인정하며, "만약 당신이 자신의 힘을 의지한다면, 당신은 이런 것들 중 아무것도 이루지 못할 것"이라고 말한다(제12장).

제3부 "내적 위로에 대한 권면"은 본서에서 가장 긴 부분으로, 제2부와 비슷하게 내적 위로를 다루고 있는데, 대화체의 방식으로 쓰였다. 저자는 "자격도 없는 사람에게 은혜가 주어졌음을 두려워하라. 이런 느낌들은 곧 정반대로 돌변할 수 있으므로 그 느낌을 너무 믿어서는 안 된다. 영적 생활에서의 성장은 위로의 은혜를 누리는 데 있는 것이 아니다. 오히려 은혜가 거두어지더라도, 겸손과 포기와 인내로써 그것을 견디는 데 있다"라고 말한다(제7장). 또한, 그리스도의 입을 빌어 "내가 너에게 원하는 것은 네가 유혹과 고난이 없는 곳을 찾으려고 애쓰지 않는 것이다. 오히려 나는 네가 여러 가지 유혹에 휩싸이고 수많은 고난들로 인해 시험을 당할 때에도 그것들을 이겨낼 수 있는 평화를 얻길 바란다"라고 권면한다(제

12장). "수고 없이는 안식을 얻을 수 없고, 싸움 없이는 승리도 있을 수 없다"라고 주장하며(제19장), "너의 내면생활이 건강하다면, 너는 사람들의 덧없는 말 따위에 관심을 두지 않을 것"이라고 언급한다(제28장).

또한 평안을 얻기 위해서는 무절제한 욕망을 버려야 한다고 말한다. "순전히 자기의 이익만을 추구하는 자들, 자기 자신만을 사랑하는 자들, 욕심이 많은 자들, 호기심이 많은 자들, 방랑자들, 예수 그리스도에 관한 것을 찾지 않고 언제나 세속적 것을 찾으며 감당하지 못할 것을 꾸미고 만들어내기 일쑤인 사람들은 모두 속박에서 벗어나지 못한다"라고 주장하며(제32장), 또한 느낌은 순간적이기 때문에, 자신의 느낌을 전적으로 의지하지 말라고 권면한다. 대신 자신의 마음을 주님께 맡기고, "하나님을 두려워해야 한다. 그러면 사람들이 만들어내는 공포 따위는 조금도 두렵지 않게 된다"라고 제언한다(제36장).

또한, 마음의 평안을 얻기 위해서 사람은 "자신을 포기해야 한다. 그러면 그리스도를 얻게 될 것"이라고 말한다. "모든 것을 얻으려면, 모든 것을 주어라. 어떤 것도 구하지 말고 어떤 것도 요구하지 말라. 순수한 마음과 확고부동한 신념으로 내 안에 거하라"라고 권면하며(제37장), "하나님의 자녀는 비록 세상의 물질을 바탕으로 살아가지만 그래도 언제나 영원한 것을 동경한다"라고 말한다(제38장). 또한, 세상에서 그는 염려하지 않으며, 모든 염려를 주님께 맡기고, 그래서 그는 진정으로 이 세상을 바라보면서 살아가는 자가 아니라, 영원한 나라를 바라보면서 살아가는 자라고 주장한다(제39장).

저자는 "주님, 주님 보시기에 모든 사람은 그 자신일 뿐 그 이상의 아무 것도 아닙니다"(제50장)라고 겸손히 인정하며, "너는 덕을 세우려는 열정으로 언제나 불타오를 수도 없고, 변함없이 고상한 묵상만 하며 지낼 수도 없다. 너는 죄 많은 인간의 본성이라는 약함으로 인해 자주 하찮은 일들에 휩쓸리고 현생의 짐들을 슬퍼하며 견뎌내야 한다. 죽을 수밖에 없는 육체를 입고 있는 한, 너는 마음이 피곤하고 슬플 수밖에 없을 것이다. 그럴 때 너는 사소하고 외적인 일들을 수행하고, 선행을 통해 너 자신을 회복시키는 것이 현명하다"라고 권면한다(제51장).

"환난 중에 보여주는 인내와 겸손이, 평안할 때 보여주는 믿음과 기쁨보다 더 나를 기쁘게 한다. 어떤 작은 문제로 인해 비난을 받을 때 왜 그렇게 낙심하느냐? 그것은 네가 최초로 저지른 잘못도 아니고, 새로운 것도 아니다. 그리고 만약 네가 오래 산다면, 그것이 너의 마지막 잘못이 되지도 않을 것이다. [⋯] 환난이 찾아올 때 그것을 즐겁게 견디지 못할지라도, 용감하게는 견뎌내라"라고 주님의 이름으로 권면한다(제57장).

마지막으로 제4부에서는 인간과 하나님과의 합일을 이루는 신비적인 성례전이 다루어진다. 올바른 성만찬의 수행은 신앙인의 참된 회개가 전제되어야 하며, 겸손한 마음이 또한 수반되는 것을 전제로 한다. 제1장에서 제자(사제)는 성찬식과 관련하여 다음과 같은 생각을 가질 수 있음을 언급한다. "당신의 감미로운 말씀이 나를 격려하지만, 내가 지은 수많은 죄가 나를 억누릅니다. 당신과 함께하고 불멸의 양식을 받고 영원한 생명과 영광을 얻으려면, 당신에게 와서 당신을 전적으로 의지하라고 당신은 나에게 명령하십니다"(제1장). 그러나 이 명령은 "사제에게 큰 기쁨의 일이 되어야 하며, 또한 사죄의 죄악이 이에 장애가 되지 않아야 한다". 성례전을 통해서 그리스도는 사제에게 "천국의 양식과 천사들이 먹는 떡을 기꺼이 주시고자 하니, 이 양식과 떡은 천국으로부터 내려와 세상의 생명을 주는 생명의 떡이 된다"라고 말하며, 그래서 사제는 "항상 마음을 새롭게 함으로 마음의 준비를 하고, 신비스러운 구원의 성찬식을 신중히 생각해 봐야 한다"(제2장). 이 성찬은 많은 유익을 지니며, 성찬에 임재하시는 그리스도는 "영혼을 풍성하고도 배부르게 하는 생명의 양식"이며, 따라서 "당신의 몸을 적당히 먹는 자는 영원한 영광의 동참자요, 상속자가 될 것"이라고 말한다(제3장). 참여하는 자는 그리스도와 연합하며, 영적인 즐거움을 누리는 자가 된다. 그래서 참여자는 거룩한 마음으로 참여해야 한다. 참여자는 "주님, 나는 순수한 마음과 선하고 굳건한 믿음으로 당신의 명령에 따라 소망과 존경심을 가지고 당신에게로 나아갑니다"라고 기도하며(제4장), 주 앞에 나아간다.

성찬에 대한 사제의 이러한 기도에 그리스도는 제5장에서 응답한다. 성찬의 거행은 인간의 공로에 의한 것이 아니다. "신비스러운 성찬식은 숭고하고도 아주 중요한 행사이다. 천사들에게도 허락되지 않는 직무가 성직자들에게 부여되니, 성직자들의 권위야 말로 참으로 위대하다". 그래서 성찬을 행하는 성직자는 "온갖 은혜를 베풂으로써 다른 이들의 칭송을 받을 만해야 하고, 타의 모범이 될 만큼 선한 생활을 해야 한다". 성직자가 성례를 거행할 때에는 "하나님 앞에 영광을 드리고 천사들을 즐겁게 하고 교인들을 교화하고 산 자들을 돕고 죽은 자들을 추모하여 스스로 모든 선한 일에 참여해야 한다"(제5장).

제6장에서 제자는 다시 성찬식을 거행하는 올바른 방법을 가르쳐 달라고 그리스도께 간구한다. 그리스도는 무엇보다도 "성직자는 겸손한 마음과 간절한 공경과 독실한 믿음과 또한 하나님의 영광을 중요시하는 마음가짐으로 성례를 거행하고 성체를 받아야 하며", 더불어 "결점들에 대한 통회하는 마음과 개선에 대한 확고한 마음을 가지고, 제자는 그 자신을 완전한 번제물로 먼저 드려야 한다"라고 대답한다(제7장). 또한 "온 힘과 정성을 다하여 그대 내부의 능력이 미치는 데까지 성찬식에서 매일같이 그대 자신을 순수하고 성스러운 성찬으로 삼아 기꺼이 나에게 바쳐야 한다"라고 말한다(제8장).

제9장에서 제자는 그리스도 앞에 회개의 기도를 한다. 이에 그리스도는 제10장에서 성찬을 경솔하게 받지 않도록 명령한다. 그러면서 그리스도는 성찬에 참여하는 자들의 마음 자세에 대해서 언급한다. 제11장에서 제자는 그리스도에게 세상에 거룩한 떡, 즉 그리스도의 고귀한 몸이 놓인 신성한 제단을 주신 것과 다른 또 하나의 상인 하나님의 율법을 주신 것을 감사드린다. 그러면서 "성직자들의 손은 얼마나 깨끗해야 하고, 그들의 입은 얼마나 정결해야 하며, 그들의 몸은 얼마나 거룩해야 하고, 그들의 마음, 즉 정결의 창시자이신 하나님이 너무나 자주 드나드시는 마음은 얼마나 깨끗해야 할까요?"라고 질문한다(제11장). 이에 대해 그리스도는 제12장에서 "나는 순결을 사랑하고, 청결한 마음을 찾는다"라고 대답한다(제12장).

제13장에서 제자는 다시 "내가 완전히 당신과 결합하고, 모든 피조물에서 내 마음을 끌어내고, 성찬식에 참여함으로써 더욱 많이 배우고, 성찬식을 자주 거행함으로써 거룩하고 영원한 것을 맛보게 하소서," 또한 "주님, 나는 기꺼이 당신과 함께 있고자 하오니, 제

발 나와 함께하소서. 내 마음이 당신과 연합되도록 하는 것이 나의 유일한 소원입니다"라고 기도한다(제13장). 이 기도는 제14장에서도 계속되는데, "주님, 나에게 은혜를 베풀어 주소서. 성찬식을 통해서 당신께서 나를 진심으로 사랑하신다는 것을 조금이나마 느끼게 함으로써, 나의 믿음을 한층 더 견고케 하시고 당신의 선의에 대한 나의 소망을 크게 하시며, 천국의 만나를 맛본 후에 완전히 불붙은 사랑의 불이 영원히 꺼지지 않게 하소서"(제14장)라고 기도한다. 이에 대해 그리스도는 제15장에서 "그대 자신을 진심으로 하나님께 내맡기고, 자신의 쾌락이나 뜻에 따라 이것저것을 함부로 구할 것이 아니라 하나님 안에 거하라. 진심으로 하나님을 찾아 구하고 자기의 영혼을 헛되게 받아들이지 않는 사람은 하나님과 연합되고 평안을 얻게 되리라"라고 대답한다(제15장).

이어서 제자는 그리스도께서 임하여서, 자신과 한 몸이 되게 하시고, 이러한 내적 연합의 은총과 뜨거운 사랑으로 녹게 해 달라고 간구한다(제16장). 그리고 그는 "내 것으로는 아무것도 남겨두지 않고, 나 자신과 내가 가진 모든 것을 자유로이 그리고 아주 즐겁게 당신에게 희생으로 바치고 싶다"라고 기도한다(제17장). 마지막으로 그리스도는 제18장에서 제자에게 "순전하고 의심나지 않는 믿음을 가지고 나아가라. 간절히 구하는 자가 지니는 존경심으로 성찬식에 참여하라. 그리고 이해할 수 없는 것이 있으면 무엇이든지 전능하신 하나님께 안심하고 맡겨라. 하나님은 그대를 속이지 않으신다. 그러나 자기 자신을 너무 믿는 자는 속임을 당하게 된다"라고 대답한다. 왜냐하면 "영원하고 불가사의하며 전능하신 하나님은 하늘과 땅에서 위대하고도 탐구 불가능한 일을 행하시니, 인간은 그분이 행하시는 신비로운 일을 헤아릴 수 없기" 때문이다(제18장).

4. 핵심주제와 책의 평가

본서의 핵심주제는 그리스도를 따름, 그리스도와 하나 됨, 십자가, 그리고 영적 경건의 훈련이다. 그리스도를 본받는 삶은 그리스도인다운 태도의 삶을 가져야 하는데, 그리스도가 보인 겸손, 자기수양, 박애와 순종의 삶을 따라서 살아야 한다고 주장한다. 본서는 세상에서의 삶에 대해서는 많은 내용은 담지 않고, 대신 그리스도를, 그리고 하나님과의 직접적인 교제의 가능성을 가장 중요한 핵심사상으로 제시한다. 신비적인 그리스도와의 연합이 그 핵심이라고 할 수 있으며, 이러한 연합의 핵심은 역시 그리스도의 십자가다. 십자가는 그리스도의 모든 능력이 담겨 있으며, 그리스도를 따르는 삶은 철저하게 고난과 환난의 삶이라고 말하고 있다.

본서에는 이처럼, '새로운 경건' 운동의 다른 저술들처럼, 수련수사를 위한 교육적인 내용이 많이 포함되어 있으나, 수도원의 영역을 넘어서 세상의 사람들에게도 적용이 가능한 것이 또 하나의 특징이라고 할 수 있다. 이 책은 중세후기의 경건성과 관련된 '새로운 경건' 운동의 대표적 저작물로서 가치를 가질 뿐 아니라, 근대의 가톨릭에도 많은 영향을 미쳤는데, 이는 특히 예수회의 창시자인 이그나티우스 로욜라(Ignatius of Loyola)에게서 두드러져서, 그의 '영성의 훈련'(Exercitia Spiritvalia)의 주요 원천이 되기도 하였다 (특히 제2-제4장). 뿐만 아니라 개신교에서도 일반적으로 높은 평가를 받고 있으며(성만찬을 다룬 제4장을 제외하고), 특히 근대 초기의 경건주의 운동에 많은 영향을 미쳤다. 웨슬리(John Wesley)는 자신의 회심에 가장 많은 영향을 준 책으로 본서를 꼽기도 하였다.

5. 적용 및 토의사항

앞서도 언급한 바처럼, 본서는 세상을 등진 사람들, 세상을 경시하는 사람들을 위하여 쓰였다. 그러나, 베버가 『프로테스탄트 윤리와 자본주의 정신』에서 주장하는 바처럼, 개신교의 영성 혹은 윤리는 '세상을 떠난', '세상 밖의' 영성과 윤리가 아니라, '세상 속의' 금욕, '세상 속의' 윤리이다.5) 이러한 맥락에서 단순한 좋은 권고가 아니라, 현대를 살아가는 지침으로서 본서의 내용을 적용하기 위해서는 많은 고민과 노력이 필요할 것으로 보인다. 실제로 성경에 나타난 하나님의 사랑은 세상을 떠난 명상이 아니라, 이웃과의 사랑 속에서 실천될 수 있다. 그러나 본서는 "만약 당신이 모든 피조물들을 향한 마음을 비울 수 있다면 […] 당신은 반드시 그분을 만나게 될 것"(제7장)이라고 권면한다. 이러한 권면은 일면 타당하지만, 이웃과의 관계, 이웃을 향한 사랑과 모순된 것으로 해석될 수도 있다. 또한 "좀처럼 외출하지 말고, 조용히 지내며, 가장 맛없는 음식을 먹고, 열심히 일하라. 말은 적게 하고, 멀리 보며, 일찍 일어나고, 많은 시간을 기도에 쏟으라. 많이 공부하고, 항상 자신을 훈련하는데 주의하라"라고 권면하지만, 복잡한 현대생활 속에서 이것이 얼마나 가능할지는 의문이다. 수도원적, 혹은 더욱 거슬러 올라가 초대교회적인 이상은 단순한 이상이 아니라, 현실 속에서 적용될 수 있어야 한다. 프랑스의 인류학자 르네 지라르(René Girard)는 "예수는 토마스 아 켐피스적 의미에서, 그의 '그리스도를 본받아'에 나타난 바와 같은 금욕을 제안한 적이 없다"라고 주장하기도 한다.6)

---

5) 본서에 실린 필자의 『프로테스탄트 윤리와 자본주의 정신』 부분 참조.

"하나님을 완전히 신뢰하는 자에게는 사람의 위로가 필요 없다"(제12장)라는 본서의 주장은 때로는 하나님께서 '사람을 통해 주시는 위로'와 모순된다. "경건한 영혼은 침묵과 고요 속에서 성장"하지만, 이것이 무엇을 위한 성장인지 생각해 볼 필요가 있다. 때로 본서의 경건에 대한 요구(ex. 제1부 제24장의 '지금 올바르게 살라')는 '믿음으로 인한 구원'의 개신교적 교리와 모순된 것처럼 보이기도 한다. '인내'를 강조하지만(제2부 제3장), 이 땅에 사는 우리의 인내함은 한계가 있다. 이러한 불평(?)들은 한편으로는 본서의 요구들을 제대로 따르는 것을 방해할지 모르지만, 참다운 따름은 회의와 고민 가운데, 현재 속에서 실천적인 길을 찾아가는 것인지도 모른다.

6. 연관해서 읽으면 유익한 문헌

본서의 한국말 번역서는 수십 종에 달한다. 필자가 일일이 점검하지 못한 관계로, 어떤 번역서가 가장 좋은지 확인할 수는 없었지만, 일단 유재덕 교수의 개정판 번역서와 두란노에서 출간된 번역서를 추천해 놓았다.

본서의 정확한 이해를 위해서는 중세 말에서 종교개혁으로 접어드는 시기에 대한 교회사적 이해가 필요하며, 특히 본서의 배경이 된 '새로운 경건' 운동의 배경과 의미를 살펴볼 필요가 있다. '새로운 경건' 운동에 관한 중요 저술들은 아쉽게도 번역되어 있지 않다.

---

6) "Neither does Jesus propose an ascetic rule of life in the sense of Thomas à Kempis and his celebrated Imitation of Christ, as admirable as that work may be." Rene Girard, *I See Satan Fall Like Lightning* (Cambridge University Press, 2001), 13. 한국어판은 약간 다르게 번역되어 있다. 르네 지라르, 『나는 사탄이 번개처럼 떨어지는 것을 본다』, 김진식 옮김 (문학과 지성사, 2004), 27.

영문서로는 운동의 개요와 전개에 대하여는 Albert Hyma, *The Christian Renaissance: A History of the Devotio Moderna* (Kessinger Publishing, 2008)를, 운동의 주요 저작들은 John H. van Engen, *Devotio Moderna: Basic Writings*(Paulist Press, 1988)을 추천한다.

우리말로 번역된 것으로는 본서와 마틴 루터를 매개한 것으로 얘기되는 '독일 신학'(Deutsche Theologie)이 『마틴 루터의 독일 신학』(최대형 역, 은성, 2003)이라는 제목으로 출간되어 있으며, 적용 및 토의사항에서 언급한 지라르의 책이 『나는 사탄이 번개처럼 떨어지는 것을 본다』(김진식 역, 문학과 지성사, 2004)라는 이름으로 출간되어 있다.

최현종

서울대학교 심리학과, 서울신학대학교 신학대학원을 졸업하였고, 독일 라이프찌히(Leipzig) 대학에서 종교사회학으로 박사학위를 취득하였다. 현재는 서울신학대학교 교양교육원 교수 이며, 종교사회학회 회장으로 섬기고 있다. 저서로는『한국 종교 인구변동에 관한 연구』 (2011, 서울신학대학교 출판부),『오늘의 사회, 오늘의 종교』(2017, 다산출판사),『현대사 회, 종교, 그리고 돈』(2019, 한국학술정보)이 있으며, 그 외에 다수의 논문과 공저가 있다. 번역은 이번이 처음 작업이다.

독일 종교사회학의
고전을 찾아서

베버, 트뢸치, 짐멜

초판인쇄 2020년 11월 10일
초판 2쇄 2021년 04월 09일

지은이 최현종
펴낸이 채종준
펴낸곳 한국학술정보㈜
주소 경기도 파주시 회동길 230(문발동)
전화 031) 908-3181(대표)
팩스 031) 908-3189
홈페이지 http://ebook.kstudy.com
전자우편 출판사업부 publish@kstudy.com
등록 제일산-115호(2000. 6. 19)

ISBN 979-11-6603-158-8 93160